JN076480

心地よさのものさし

伊礼智
Satoshi Irei

新建新聞社

はじめに

「心地よさのものさし」を磨く

設計を学びはじめて42年、設計者として独立して24年が経ちました。

還暦を過ぎたのですが、歳をとるにつれて建築設計という仕事は経験が重要だと思えるようになりました。世間では経験が邪魔をするとか、手慣れた仕事をするのは創造性を削ぐなどとネガティブに捉える方もいますが、豊かな才能に溢れる者ならともかく、一般的には失敗と反省の日々を積み重ねて、仕事が身体にしみついていくもの…設計上達の王道は「目を養い（良いものを見る）、手を練る（実践する）」ことですが、それに付け加えて、耳を澄まし（人の話を聞く）、よく笑い（楽しく学ぶ）、喉を潤し（友と語らう）、即実践（まずはやってみる）ではないか？　と実践を重ねてきました。これは僕が主催する社会人向けの「住宅デザイン学校」のモットーにもなり、物事の「上達」の王道だと思っています。

手を練ること、経験を積み、身体化することの大事さに関しては「雨月物語」という古い映画の中で、主人公であるお姫様（亡霊）がとても良いことを言っています。見染めた陶工の焼き物の美しさの秘密を問うシーン。陶工は、秘密などはなく日頃の手慣れだと答えるのです。お姫様は

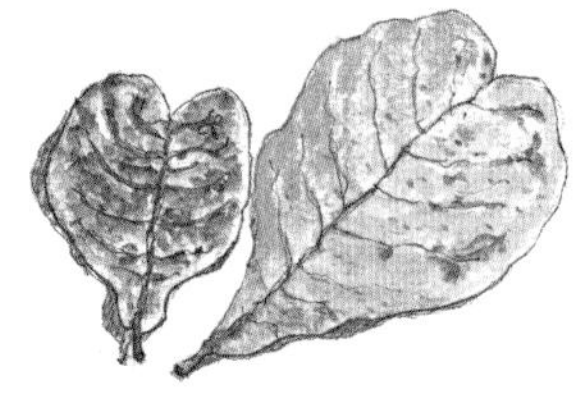

それに対して「手慣れの末の美しさなのですね」と感心する…手慣れということが思考停止ではなくて、自転車を巧みに乗りこなすような身体化された熟練の技であり、長年の努力と経験の積み重ねと解釈するのです。

僕はそのセリフがとても気入り、それは確かな仕事をする職人のあるべき姿だと思いました。おそらく、芸術の分野では「手慣れ」という言葉は忌み嫌われますが、建築の世界、特に住宅設計においてはそのように受け取るべきではない、むしろ確かな仕事をするための正しい価値観ではないでしょうか?

かつてお世話になった建築家、故・永田昌民さんはご自分のことを建築家というよりも「設計職人」であると言っていました。まさに心地よい住宅を設計する建築家のあり方は「手慣れの末の心地よさ」を提供できる人なのかもしれません。経験を積むごとに自分の価値判断の「ものさし」が増えていく、「目を養い、手を練る…」とはそういうことで、そこから常に改善を重ねていくことだと理解したのです。

設計の仕事は奥が深くて、50歳を過ぎても「目を養い、手を練る」修行は続きます。ここ数年、設計の基本性能（断熱・気密）の向上に取り組んできました。これまでも住まいの性能に関心がなかったわけではなく、師である故・奥村昭雄先生（建築家・東京藝術大学名誉教授）が取り組んでいた空気集熱式ソーラーシステムを導入した住宅を数多く設計してきました。自然エネルギー（太陽熱）を利用して床暖房や夏のお風呂のお湯採りを行う仕組みは素晴らしく、換気しながら暖房をするという点で、省エネでもあり、住まい手の健康にも寄与する、環境と呼応する良い仕組みであることは間違いありません。

さらに、ソーラーに取り組んできたことが、近年、確実視される気候変動や地球温暖化に対して、自分の設計も多少なりともCO2削減に貢献しているという自負もありました。

しかし、日本エコハウス大賞の審査員を拝命してからというもの、高気密・高断熱をすでに実践している建築家や、今回、寄稿をしてくださった東京大学の前真之さんたちと交流する機会を得て、自分の設計がソーラーに頼るあまり、より基本的な住まいの性能である断熱や気密の知識が不十分であり、設計の土台が甘いように感じてきたのです。

自分の設計の弱点なのではないか？　と。

その後、より根本的なことから自分の設計を鍛え直そうと取り組んできました。

今回の本は、それまで建築として魅力がないと毛嫌いし、誤解していた（?）「高気密・高断熱」への取り組みと、これまでの自分らしい設計手法（これまでのものさし）との両立を図ったものであり、その悪戦苦闘をまとめてみました。その中での「気づき」、再確認できた「価値観」と、これまでの「心地よさのものさし」に磨きをかけたものこそが、みなさんにご覧いただきたいことです。

数年にわたる性能と意匠の狭間での格闘で、今や伊礼智設計室の性能の「ものさし」は耐震等級3（許容応力度計算による）、外皮性能はG2となりました。もちろん、それにはおよばないこともありますが、できる限りその目標へ近づけていくというスタンスです。

その他の設計においても、いくつもの自分なりの「ものさし」（判断基準）が必要となってきます。その「ものさし」は数字で表せる明快な「物差し」もあれば、数字には表せないけれど、自分の経験の中から創り上げてきた判断基準があり、分かりにくいものもあります。それは言葉や写真や図面で、ご覧いただければと思っています。

これまで世に出してきた本でも、設計の根拠を「センス」とか「気分」とかの曖昧な気持ちでなく、きちんと言葉で説明し、写真や図面で補足するするスタンスを通してきました。

それは設計の根拠となる「物差し」を総合的に浮き上がらせようということに他なりません。今回は、1軒あたりのページ数を18～22ページとたっぷり確保しています。写真を大きく扱い、言葉で語り尽くせない住まいの臨場感を感じていただけたらと願っています。

ここ数年の基本性能の向上へのチャレンジが、確実に僕の設計の「ものさし」を増やしてくれて、仕事の質を確実なものにしてくれたことがこの本で伝わるといい…そして性能の向上に取り組んでもデザインの妨げにはならないことが伝わるといい。自分たちの子や孫の未来を守ることができるような、胸の張れる仕事をしていきたいと思います。

ここ数年の取り組みに少しだけ手応えを感じながらも、コロナ禍で働き方を考え直しつつ、相も変わらずに飛び回りながら仕事して、食べて、飲んで、料理して、見て、写真を撮って、測って、感じて、学んで、文章を書いて、講演して、手取り足取り教えて…の毎日に変わりはございません。

伊礼智

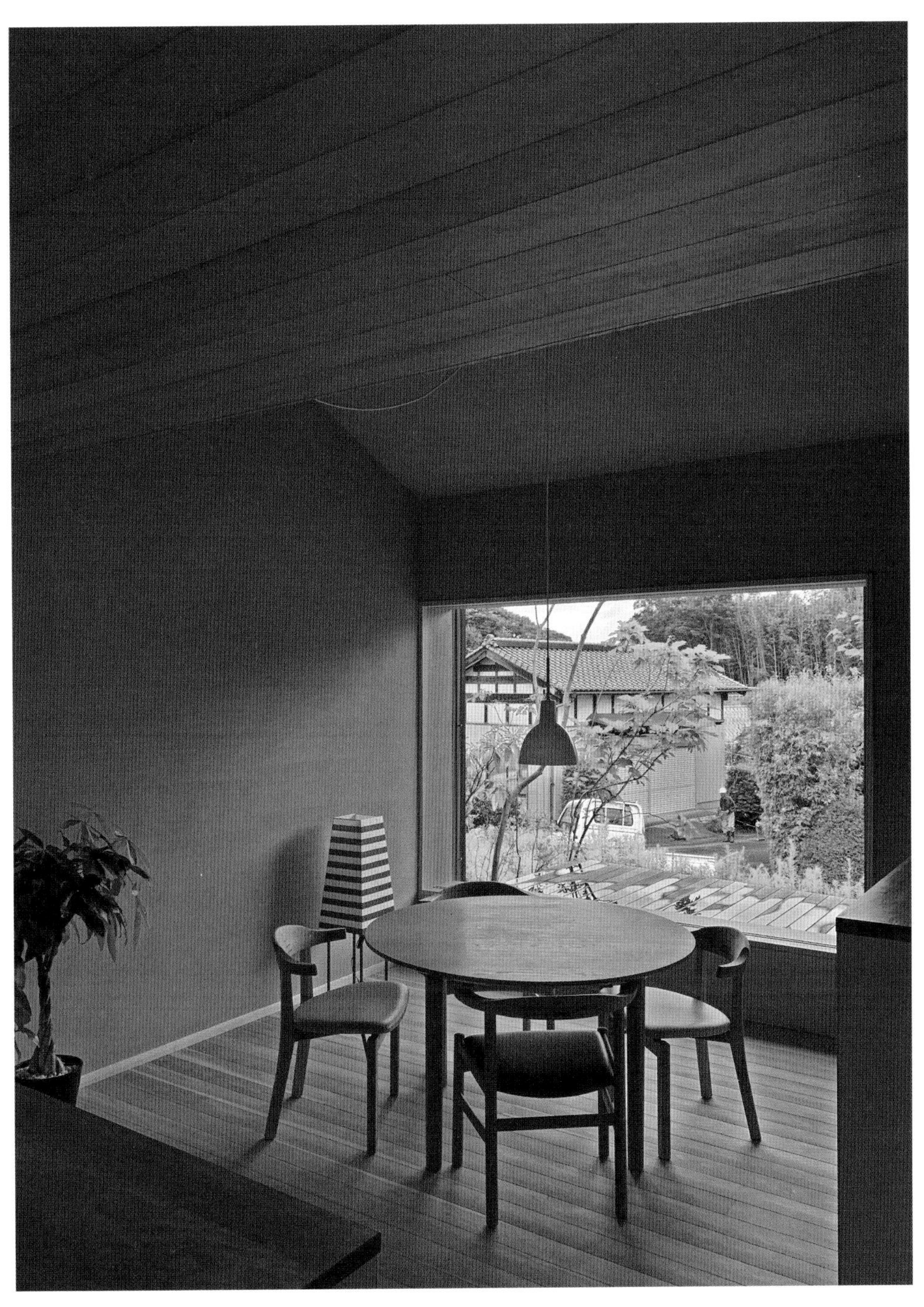

「里山の平家暮し」の北側に広がる里山風景。農家の働く姿が風景に溶け込み、つくば山麓へとつながる

目次

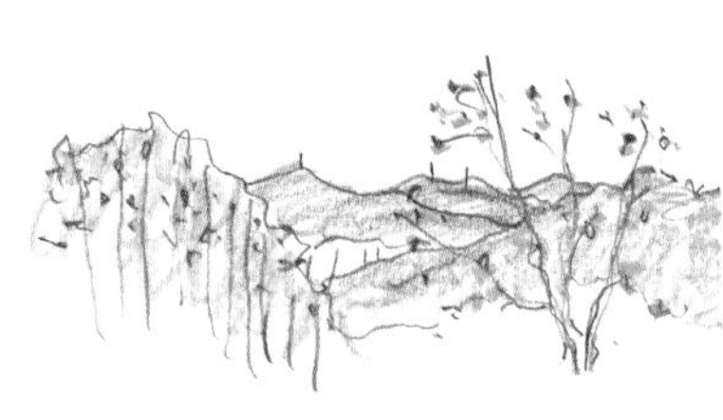

1

IBARAKI
Tsukuba

里山の平屋暮らし

先進的な住まいを提案する

「里山の平屋暮らし」と名付けられたこの家は「里山住宅博 in TSUKUBA2019」のヴァンガードハウスとして建てられました。「ヴァンガードハウス」とは先進的な住まいという意味で、里山の風景が広がるつくばのこの地でこれからの住まい、集まって住むあり方を提案するモデルハウスです。

先進的住まいってどうすればいいのだろう?…敷地を見ながら悶々と考え、周辺の集落を車で巡った時、民家の佇まいがとても素敵だと思いました。先進的な住まいという言葉が持つ近未来的な設計ではなく、この、のどかな風景に素直に包まれるような佇まいでありたいと思いました。より自然と呼応する暮らしこそが豊かだと思えたのです。クライアントであり施工社である柴木材店からも、住まい手からの要望が多くなってきた「平屋」であること、OMソーラーの最新の設備「OMX」に挑戦してみたいという意向を取り入れ、南に正対し、開口部に里山らしい風景が宿る敷地を押さえました。

南面の屋根には全館空調＋太陽熱利用システム「OMX」の集熱パネルが敷き詰められる。深い軒が夏の日射を遮る

働く屋根を持ち、大地と暮らす

築山（つきやま）が大きく開いたリビングの開口をさりげなく隠しながら、上に伸びる植栽が平屋をより立体的に見せる

開口部廻りが
一番気持ちいい

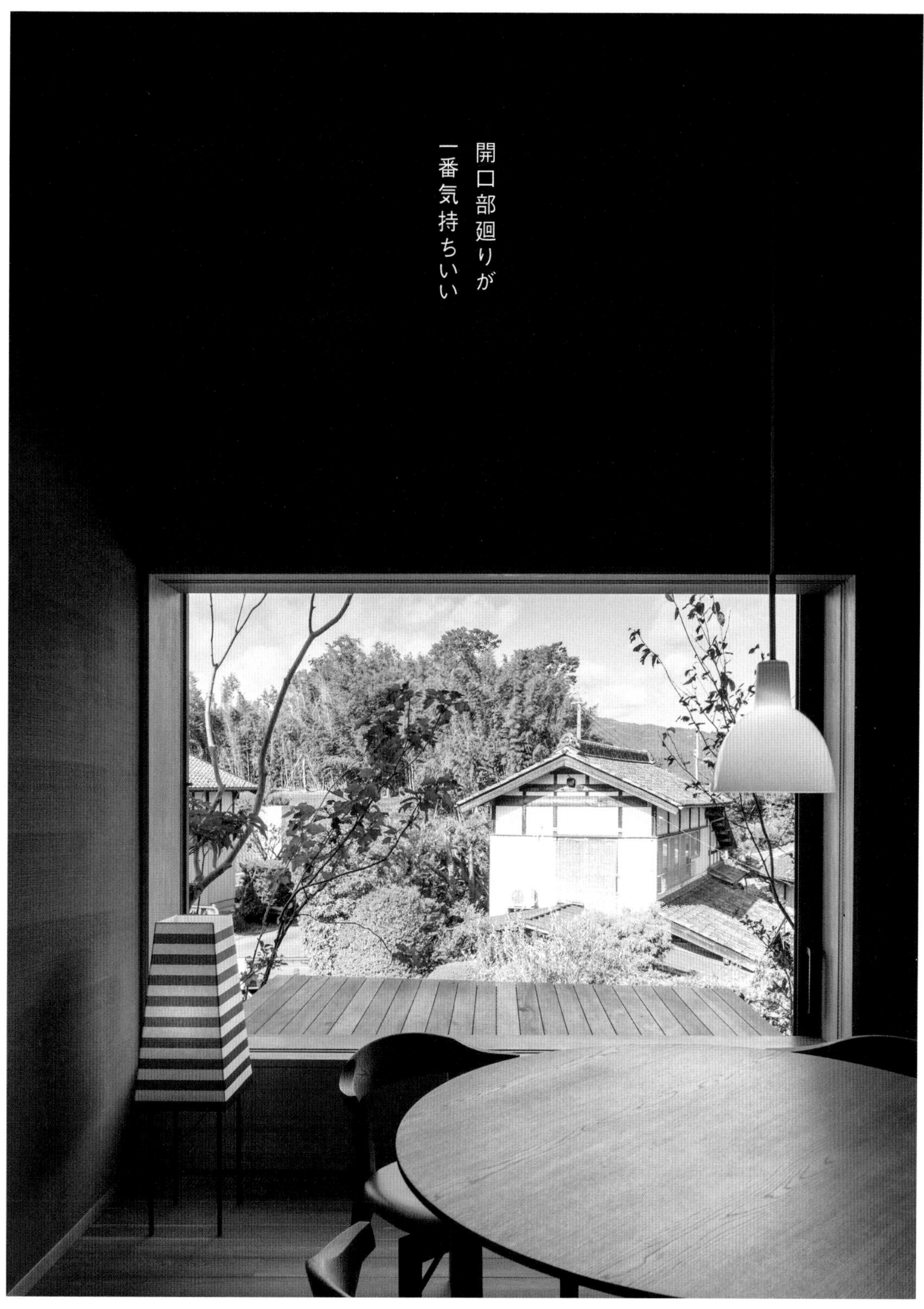

風景を切り取る北側の窓の外には縁側が続き、里山の風景と遠くつくば山方向を望む

閉じてよし、開いてよし

リビングダイニングの西側から玄関のある東側を見る。リビングとキッチンの天井高を抑え、ダイニングにより広がりを感じさせる

里山の平屋暮らしの家 ①

大地につながる大屋根の平屋

　里山に暮らすことの魅力は大地や風景と一体になることではないでしょうか。暮らしが風景に溶け込むようなこの地で、人生100年時代に備えて子育て世代から人生の後半を楽しむシニア世代に対応できる平屋をベースとした「永く住み続けられる家」を考えてみました。南北軸の構成は南の道路と家の間に駐車スペースを兼ねた「原っぱ」があり、高木が立ち並ぶ築山に囲われたテラスを設け、それらがバッファーゾーンとして室内空間を守り、緩やかに北側の里山の風景に抜けていきます。

　アプローチは桟橋を渡るかのような楽しみを持ち、車いすにも対応できるようにスロープにしてあります。

　室内の東西軸は流れるような生活動線とし、あちこちから庭に出入りできるようにしました。

　僕は常に方位に関係なく道路が「コモン」であり「オモテ」であると考えて設計します。

　コモンへ向かってグラデーションを描くように外部と内部がつながる、まるで沖縄の伝統的な民家の外部空間のようなあり方が身体に染み付いているのかもしれません。それが人を招き入れるでもなく、拒絶するでもない、コモンとプライベートとの良い関係が構築できると考えています。

　室内はこれまでメーカーと共に開発をしてきた調湿・消臭効果のある自然素材100%のシラス壁（薩摩中霧島壁）で塗り固めました。素朴な民家の土壁のような、懐かしさを持つ穏やかな空間となります。浴室のハーフユニットバスは2016年にLIXILと開発した一般発売していないオリジナルです。雨といもタニタハウジングウエアと開発したガルバスタンダード、デザインを邪魔しない控えめな雨といです。これまで必要なものは開発してきました。それらを盛り込んだ集大成のようなヴァンガードハウスとなりました。

　また、里山暮らしを支えるために大きな屋根を利用した最新の設備を導入しました。温熱性能を整え、少ないエネルギーで快適に暮らすために、東京大学の前真之准教授とOMソーラーが開発した「OMX」というシステムを試しています。暮らしを快適にする設備が整理・統合された道具となり、里山の暮らしを縁の下で支えるのです。この家の断熱性能はUA値0・34W/㎡K、OMXを導入することでリアルZEH（ゼッチ）（家電の使用エネルギーも含んだゼロエネルギー）をクリアしています。

里山の平屋暮らし

—

所在地	茨城県つくば市
敷地面積	320.99㎡
延床面積	120.43㎡
	1階／102.26㎡
	2階／18.17㎡
構造	木造軸組工法
施工	柴木材店
造園	荻野寿也景観設計

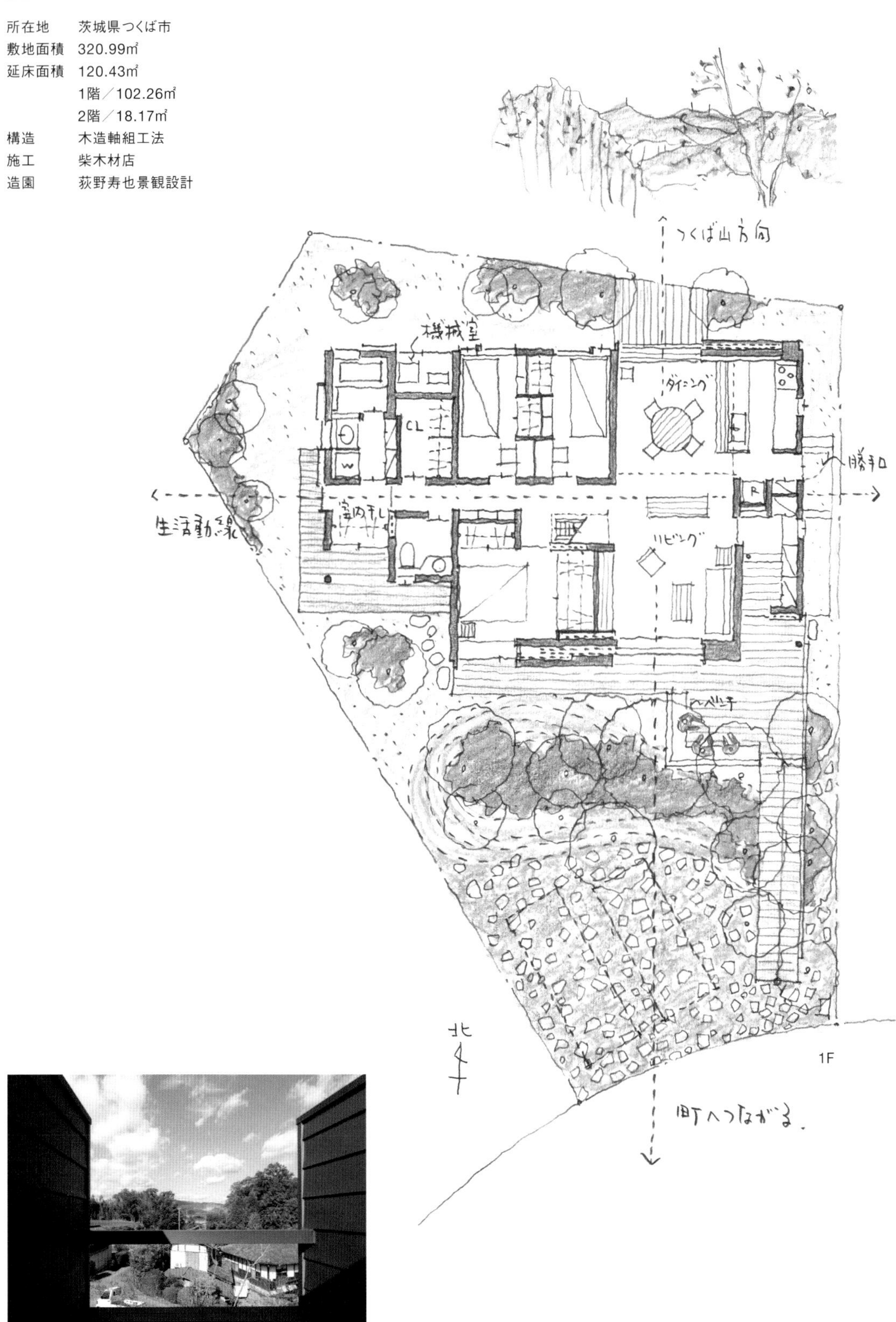

物見台から自然豊かな風景と宝篋山を一望する

開口部近傍に心地よさは宿る

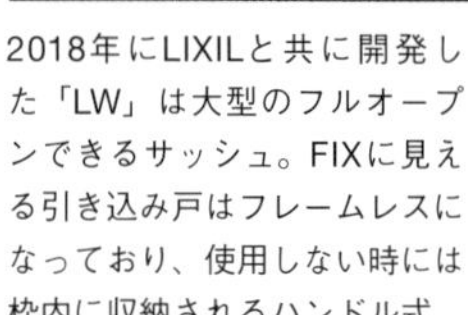

2018年にLIXILと共に開発した「LW」は大型のフルオープンできるサッシュ。FIXに見える引き込み戸はフレームレスになっており、使用しない時には枠内に収納されるハンドル式

開口部は外部と内部をつなげる回路でありとても重要な存在です。ある先輩に「伊礼さんの設計は開口部と家具しかない…それがいいんだよな～」と言われるくらい、僕の設計では開口部は大きな役割を持ちます。季節がいい時には建具を開け放し、外部と内部がつながり一体となる様が日本らしい建築でした。ところが今や、住まいが高気密・高断熱化し、機械換気により窓を開けなくなる暮らしとなりつつあります。沖縄生まれの僕としては「風景を取り入れ、風景に溶け込む」この日本らしい開口部のあり方を高気密・高断熱の住まいに共存させたいと模索しています。確かな性能を持つ、定番の木製のヘーベシーベ*と2018年、LIXILとともに開発した大型複合サッシュで大きな引き込み戸を多用しています。住まい手が、その季節、その時々の気持ちで外部との関係をつなげたり、閉じたりできるのです。

「開口部近傍に心地よさは宿る」…日頃から開口部廻りが一番気持ちいい、開口部廻りにまだまだデザインの可能性があると思っています。ですから、僕の設計には開口部と家具しかないと言われた時には思わず微笑みました。超高齢化社会の到来に加え、気候変動が危惧される中で、性能が担保された「閉じてよし、開いてよし」の開口部は大地につながる暮らしに必要な装置だと考えています。

◎引戸が持ち上がってスライドする仕組みのサッシ

開口部には外から木製ガラリ戸と網戸、ガラス戸に障子を設置しており、住まい手が季節にあわせて開けたり閉めたり心地よさを自在にコントロールできる。冬は障子も断熱効果を高める

東西の生活動線
南北の抜け
タテの広がりが
交差する

ポイント

町と家の間をデザインする

沖縄の伝統的な民家に「アマハジ」と呼ばれる軒下空間があります。強烈な日射と激しい雨から住まいを守る役割の他に、大人たちのコミュニケーションの場であり、子どもたちの遊び場でもありました。

ソトとウチの間、バッファーであり、とても魅力的で心地よい場所でした。「里山の平屋暮らし」でも町と家の間にアマハジのようなコミュニケーションテラスを設けました。夏の強い陽射しを遮り、町（道路）からの視線を避けるように造園家の荻野寿也さんが築山と高木で包んでくれました。

リビングの開口部から少しずらしてデッキ設けることで、リビングから築山と高木の足元、グラウンドカバーも楽しめるデザインとなりました。また、荻野さんの提案で道路から桟橋を渡るようなスロープがテラスへと続き玄関の中までつながります。

テラスのベンチはステンレスフラットバー12ミリ×32ミリで骨組みを組み、座面を安価な足場板（傷んだら取り替える）でまとめました。

宙に浮いているような軽やかなコミュニケーションの場となりました。

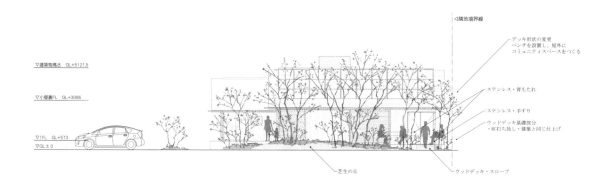

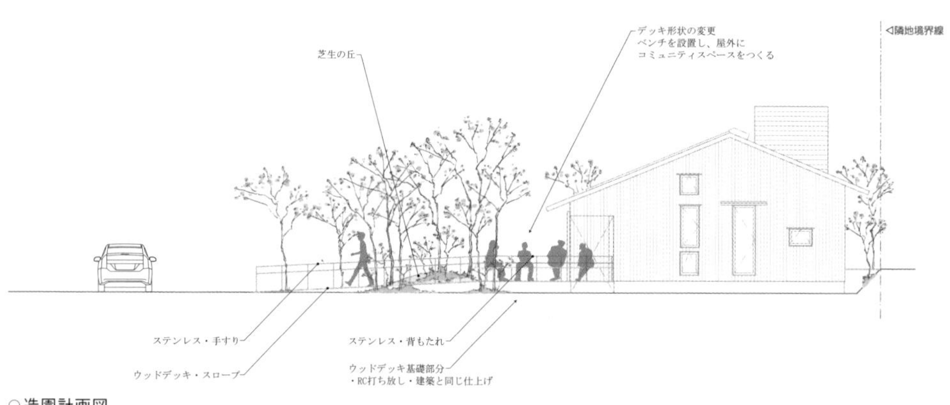

○造園計画図

アプローチデッキにはベンチスペースを設置。縁側のように周囲とつながる空間を演出

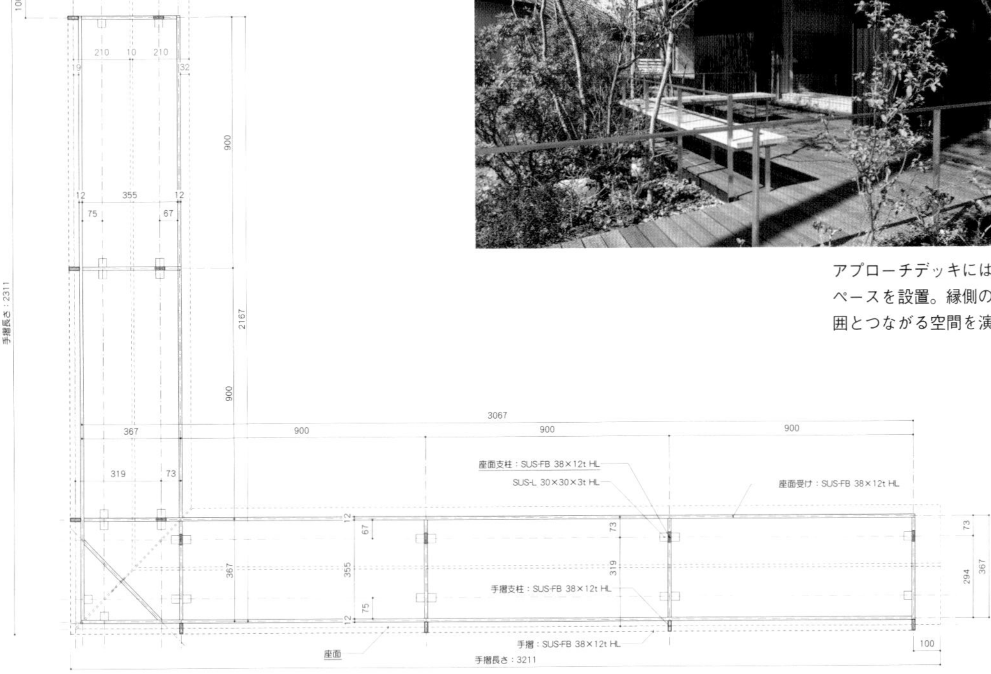

○ベンチ座面受け平面詳細図

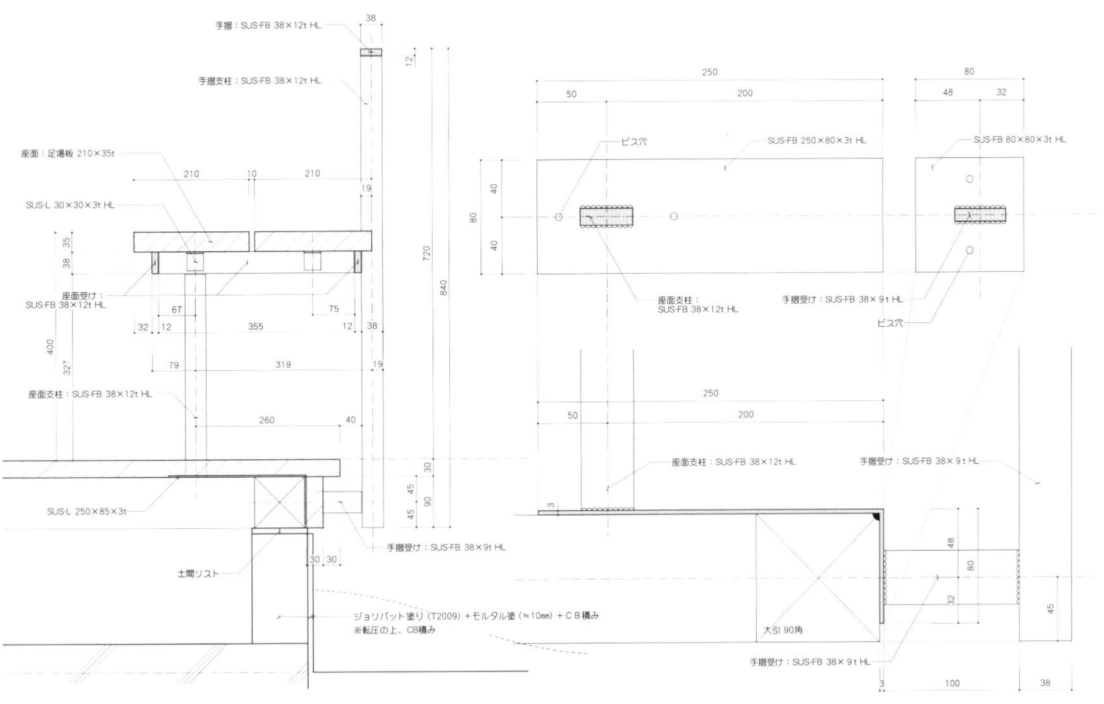

○ベンチ座面受け断面詳細図

○手すり部分詳細図

性能

見えない空気と熱をデザインする

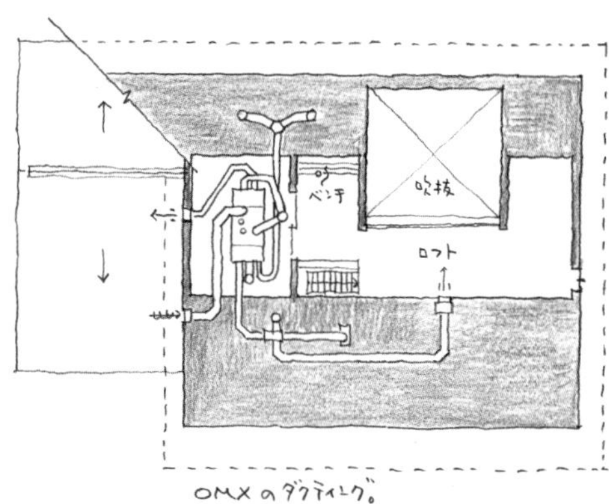

OMXのダクティング。

OMソーラーの考案者は藝大時代の恩師である奥村昭雄先生。冬、屋根面で太陽熱を利用して新鮮空気を暖め、床下に送り込んで蓄熱しながら床暖房、夏は暖めた空気と水を熱交換し、お風呂のお湯を採るという自然エネルギーを利用する仕組みです。奥村先生はOMソーラーの仕組みをパッシブデザインと捉えていました。100Wほどの換気扇は使うけれど大げさな装置は使わず、建築的な工夫でシステムを成立させるからです。奥村先生が亡くなられた後、OMソーラーはアクティブ（機械を積極的に利用するソーラー）方向に向かいはじめます。

今回のOMXは開発に携わった東大の前真之さん会心のエコ設備、よりアクティブに進化した全館空調システムです。OMXは屋根面で太陽熱と太陽光を利用しながら1台のヒートポンプで冷暖房と熱交換換気、さらにお風呂のお湯を創り出します。少ないエネルギーで住まい全体をまろやかに暖め、冷やす仕組みで、外部には貯湯タンクとヒートポンプの室外機が1台でてくるだけ。ここでは、それをうまく建築の中に納めたので建物周辺も綺麗です。

環境にも景観にも寄与する装置だと思います。室内もOMXの気配をいっさい消して、文字通り、見えない空気と熱をデザインしました。

◎省エネルギー性能

省エネ地域区分		5地域
C値		1.28㎠/㎡
Q値		—
UA値		0.34W/㎡K
ηA値		0.8W/㎡K（冷房期）
断熱仕様	屋根断熱	セルロースファイバー（デコス）240t
	壁断熱	セルロースファイバー（デコス）120t
	床・基礎断熱	押し出し法ポリスチレンフォーム 100t、50t
	窓	木製サッシ（アイランドプロファイル）、アルミ樹脂複合サッシ（ステム）
	ガラス	Low-E複層ガラス、トリプルガラス
	玄関	木製扉（Nドア/アイランドプロファイル）
設備仕様	空調	全館空調換気給湯システム OMX（OMソーラー）
	空気循環	全館空調換気給湯システム OMX（OMソーラー）
	給湯	全館空調換気給湯システム OMX（OMソーラー）
	換気	第一種換気 OMX（OMソーラー）
	発電	太陽光発電 クワトロDM（OMソーラー）

吹き抜けになっているダイニングの天窓からやわらかな光が差し込み、壁の表情を変える

物干し・浴室前には簾戸を配置。目隠しと西日を遮る効果を発揮

C値	・・・・・・・・・・・・・・	1.28㎠/㎡
UA値	・・・・・・・・・・・	0.34W/㎡K
ηA値	・・・・・・・・・・・	0.8W/㎡K（冷房期）

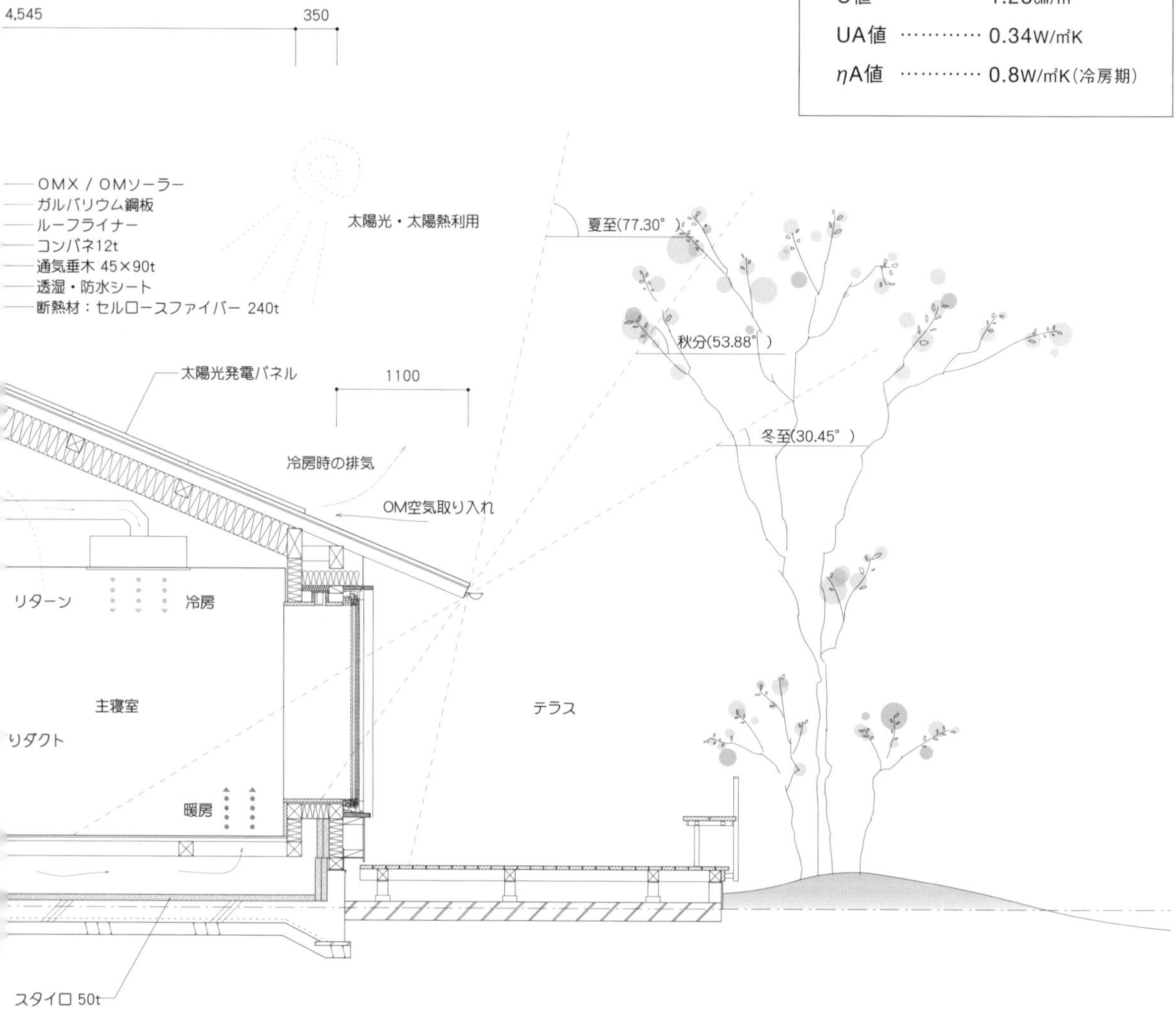

4,545
350

OMX / OMソーラー
ガルバリウム鋼板
ルーフライナー
コンパネ12t
通気垂木 45×90t
透湿・防水シート
断熱材：セルロースファイバー 240t

太陽光・太陽熱利用
夏至(77.30°)
秋分(53.88°)
冬至(30.45°)

太陽光発電パネル
1100
冷房時の排気
OM空気取り入れ
リターン
冷房
主寝室
リダクト
暖房
テラス
スタイロ 50t

里山の暮らしを支える「OMX」の心臓部。6畳ほどの機械室に納めた。冬は床下へ暖気を送り込み、夏はロフトに設けた冷房の吹き出し口から階下へと空気を循環させる。物見台へのアクセス階段。引き違いのサッシと障子を使用することで断熱・気密性を損なわない工夫がされている

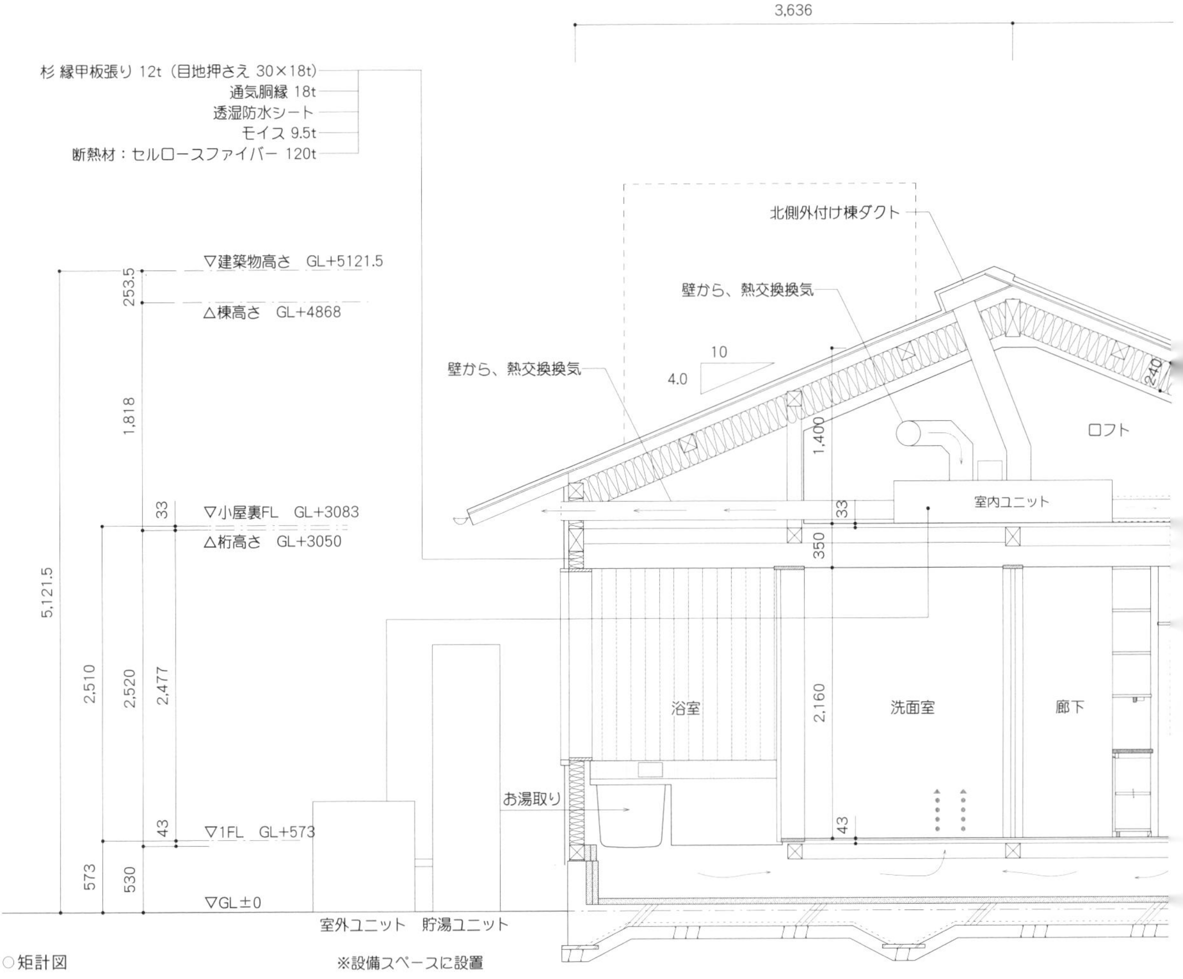

3,636

杉 縁甲板張り 12t（目地押さえ 30×18t）
通気胴縁 18t
透湿防水シート
モイス 9.5t
断熱材：セルロースファイバー 120t

北側外付け棟ダクト
壁から、熱交換換気
壁から、熱交換換気
10
4.0
240
ロフト
1,400
室内ユニット
33
350

▽建築物高さ　GL+5121.5
△棟高さ　GL+4868
▽小屋裏FL　GL+3083
△桁高さ　GL+3050
▽1FL　GL+573
▽GL±0

253.5
1,818
33
5,121.5
2,510
2,520
2,477
43
573
530

浴室
洗面室
廊下
2,160
43
お湯取り

室外ユニット　貯湯ユニット
※設備スペースに設置

○矩計図

こぼれ話

1

風景の一部になる

地方で設計や講演の仕事が増えたこともあり、日本中を飛び回っています。歳をとるに連れて地方の自然や風景の美しさに心を惹かれることが多くなりました。自分の設計の向かう先は、単に住まい手が心地よく、永く暮らせるということだけでなく、好ましい佇まいを持ち、その地の風景の一部になるような建築を創ることではないか？　と思うようになりました。もともと斬新な建築、目立つ建築を創りたいとも思いません（そのような能力もない）。建築は控えめであるべき…先生や先輩方から教えられた建築のあり方です。地方の豊かな風景や集落、ごく普通の住宅地でも瓦の屋根が連なり、その土地らしい風景としてそこにある。その地で仕事をする時はその風景に参加し、その一部になる…素直にそう思わせるような魅力が日本にはまだまだ残っています。それを壊す側には廻りたくない。

この「里山の平屋暮らし」も北側につくば山が望めました。手前には古い民家があり、この風景が気に入ってこの区画を選びました。この風景を取り入れて、この風景に溶け込みたいと、北側の大きな開口部でつくば山と民家を絵画のように切り取る設計としました。

ところが地元の方から「あれはつくば山ではないです、宝筺山（ほうきょうさん）ですよ」と指摘される。つくば山だと信じて疑わず、つくばらしい風景を取り入れることができたと思っていたのですが…(笑)。

つくば山は竹やぶに隠れてどうにも眼にすることはできず、宝筺山も素晴らしい山だと自分にいい聞かせ、つくば山は心の眼でみようと胸中でつぶやいたのです。

2

YAMANASHI
Kofu

甲府の家

甲府の家

性能と意匠の良い関係を模索する

この住宅は甲府の工務店・丸正渡邊工務所のモデルハウスです。設計を依頼されることはよくありますが、僕の設計の価値観に共感し、その設計手法を学びたいという想いを持つ工務店からの依頼以外はお引き受けしないようにしています。単なる設計術のようなものを習得するということではなく、その地域の文化や風景、佇まい（風土）までも視野に入れた設計を学びたい、工務店としてその地に根ざし、つくり手として揺るがない自分の価値観を構築し、質の高い住まいを提供していきたいという想いにこたえたいと思っているからです。ここ数年、伊礼智設計室の設計の性能が格段に良くなってきたということで、性能に意識の高い工務店にも設計を依頼されることが増えてきました。丸正渡邊工務所の渡邊社長もそのひとり。僕と野池政宏さんのあるセミナーに参加した渡邊さんはこの2人のコラボのもと家を建てたいと思ったようです。野池さんとはそのセミナーまでほとんど面識もなかったのですが、性能という奥の深い世界へ足を踏み入れてしまった身としては願ってもないことでした。

今回は僕の価値観を全面に出すのではなく、野池さんの理想の温熱環境を僕の設計で実現することに重きを置く…野池さんの得意技、必殺技を正面から受け止め、身をもって体験し、自分の血肉としていきたいと覚悟を決めた仕事でした。

町と家の間を考える

道路側を

コモンスペースと考えて

設計をする

道路に面する西側のウイング（駐車場）の軸線（塀）を庭側に引き込みながら、その周りに緑を配すことで、プライバシーを確保しつつも、町と庭、庭と家が緩やかにつながるような構成に

キッチン前を広々とさせ日常使いを想定したウッドデッキ。手前の駐車場からは軒下づたいにアクセスできる

甲府の家 ①

駐車場のあり方で町との間合いをとる

地方で仕事をすることが増えてきて、最も困惑するのが、車の台数です。都心部と地方での仕事の大きな違いは車の台数と言って良いでしょう。多いところでは4台・5台ということも珍しくありません。車なしでは暮らしが成り立たないのですから、車は住まいを設計する上で最重要なアイテムとなり、その位置、車捌きが暮らしやすさに大きな影響を与えます。

普段から設計の第一手は駐車の位置からと決めています。そうすると自ずと玄関の位置も見えくるものです。

甲府の家

—

所在地	山梨県甲府市
敷地面積	326.40㎡
延床面積	119.00㎡
	1階／64.46㎡
	2階／54.54㎡
構造	木造在来工法
施工	丸正渡邊工務所
温熱監修	野池政宏
造園	荻野寿也景観設計

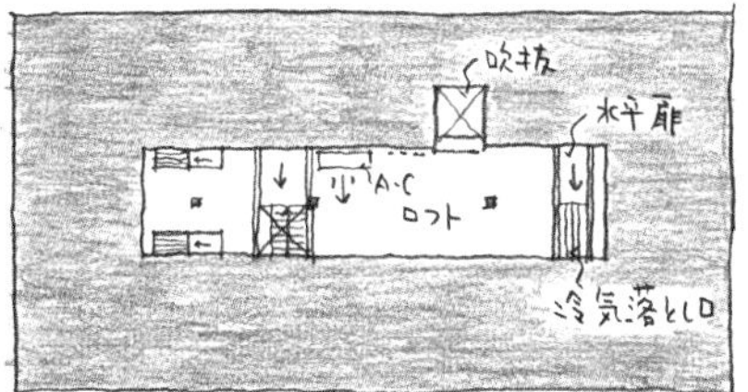

LOFT

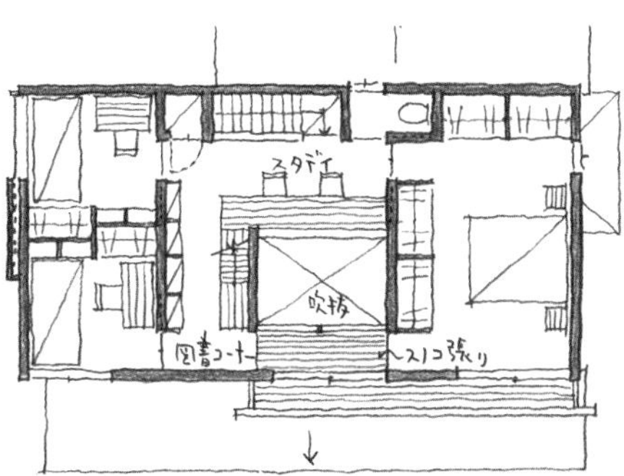

2F

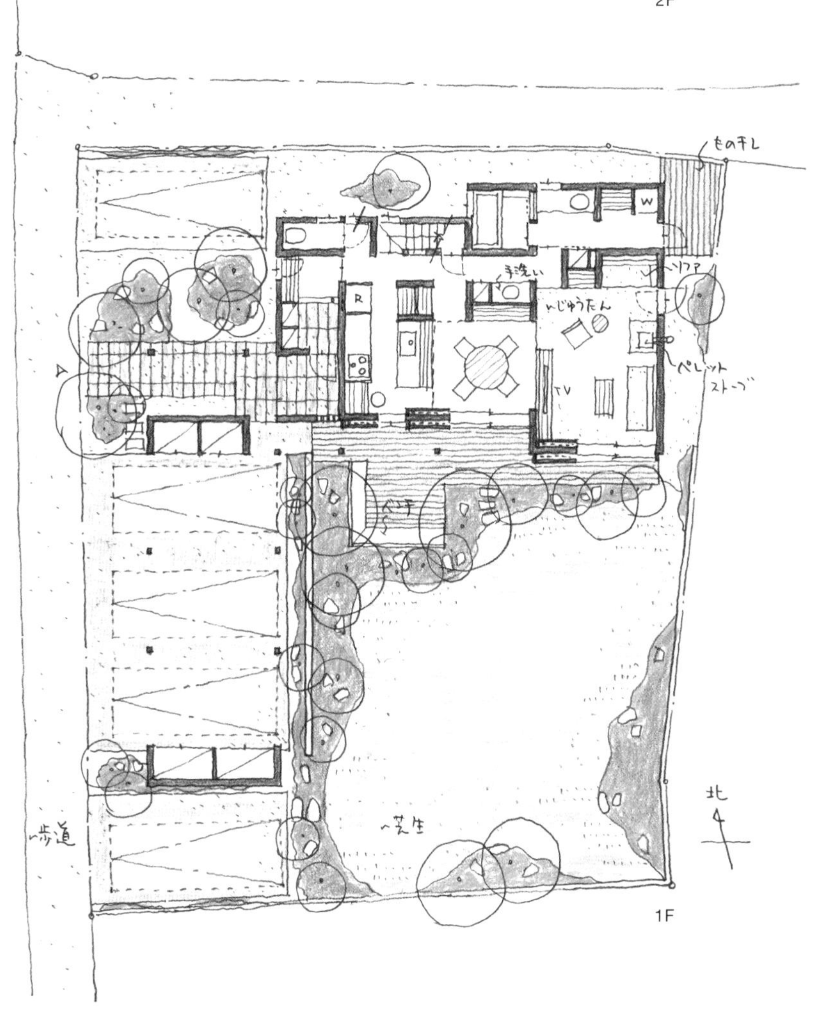

1F

沖縄の伝統的民家に見られる
「ヒンプン」が町と家を緩やか
につなげる

車の位置が住まいの暮らしやすさに重要であるとは言え、便利さだけを考えると、まるでアパートの駐車場のように数台並んだ車の顔がその家の佇まいとなってしまいます。駐車場の佇まいもできるだけ美しくしたい…常にそう考えて悪戦苦闘しているのですが、一つの解決策として、この甲府の家の形式にたどり着きました。

駐車スペースで町と家の間合いをとるのです。町と家の関係を制御するために駐車スペースをバッファーゾーン（緩衝帯）として扱うやり方です。

さらに、車の出入りのしやすさを犠牲にせず、町と家を緩やかにつなげて、美しく嫌味のない住まいを町へ提供したいと考えました。

駐車場のすぐ奥には沖縄の伝統的な民家に見られる「ヒンプン」のような塀を配置して、町との関係を制御しつつ、緩やかにつなげました。

ダイニングの吹き抜けと対照的にリビングの天井は低く抑えられ、さらに1段下げているためこもるような心地よさを生む

視線が抜けるところに窓を設ける

ダイニングの楽しさが
吹き抜けて家中に広がる

冬の日射を最大限取り込めるよう、2階を吹き抜けとした明るく開放的なダイニング

ポイント

2本引き込みの網付きガラリ

近年、あまり大きな開口部を設けなくなりました。断熱性能を考えるとき、開口部は最大のウイークポイントとなること、もはやペアガラスは当たり前、今やトリプルガラスの時代になって、建具が重くなり、つくる側も大変、さらに重いので住まい手が操作することも大変であることが理由です。

閉じた時でも開いた時でも窓の外を楽しむためには、できれば建具1本で引き込みたいし（気密も抑えやすい）、コストも割安となるのですが、大開口の場合は建具の本数を増やして操作しやすくすべきだろうと思います。省エネを考えると、南側の開口を大きくして、日射取得の最適化を図りたいというのが今回の温熱アドバイザー・野池さんの考えで…ということで、今回は久々の2本引き込みで大開口としています。

建具屋さん制作の2本引き込み戸だと、どうしても隙間風を抑えることができないので、今回は性能と操作性も良いアイランドプロファイルを採用しています（値は張ります）。

開口部内側に仕込まれた障子。冬は障子を閉めて寒さを防ぐ

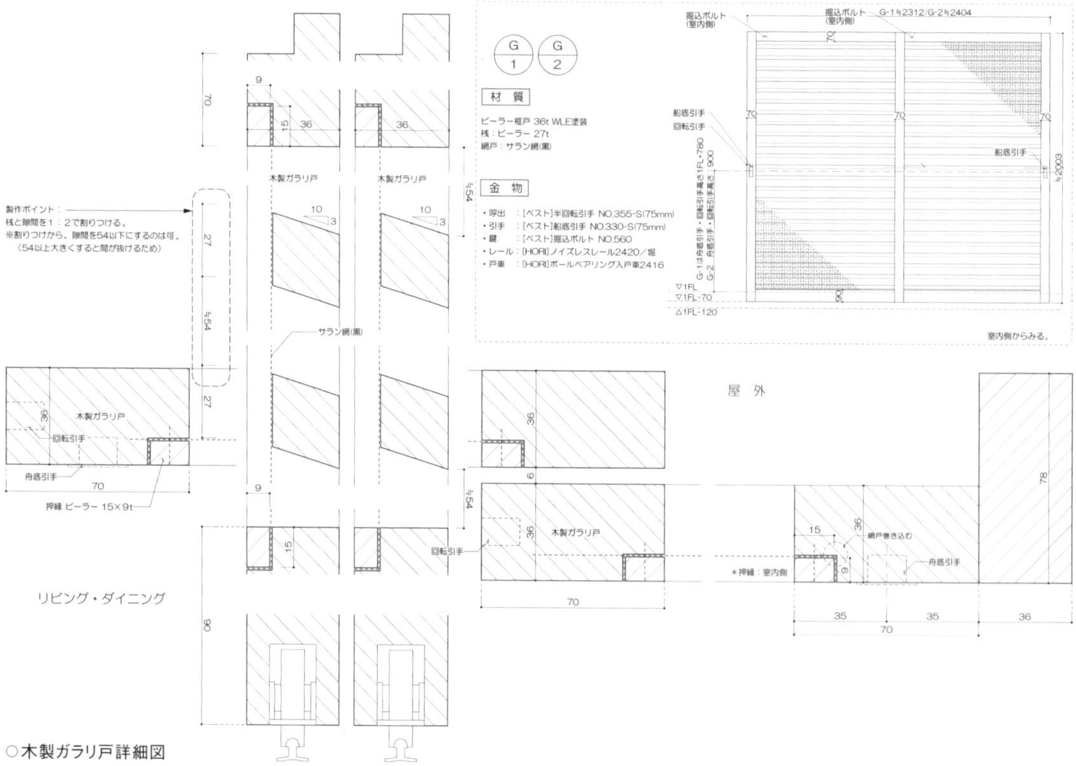

材質

ビーラー框戸 36t WLE塗装
桟：ビーラー 27t
網戸：サラン網(黒)

金物

・呼出　：[ベスト]半回転引手 NO.355-S(75mm)
・引手　：[ベスト]船底引手 NO.330-S(75mm)
・鍵　　：[ベスト]掘込ボルト NO.560
・レール：[HORI]ノイズレスレール2420／堀
・戸車　：[HORI]ボールベアリング入戸車2416

製作ポイント：
桟と隙間を1：2で割りつける。
※割りつけから、隙間を54以下にするのは可。
（54以上大きくすると間が抜けるため）

木製ガラリ戸　回転引手　舟底引手　押縁 ビーラー 15×9t　サラン網(黒)　網戸巻き込む　＊押縁：室内側　掘込ボルト(室内側)　G-1≒2312／G-2≒2404　船底引手　室内側からみる。

屋外

リビング・ダイニング

○木製ガラリ戸詳細図

コストアップした分を調整するために、雨戸がわりのガラリ戸に網を付けて「アミ付きガラリ戸」として網戸をなくしています。昔からよくやっていた手法ですが、網戸がほしい時、ガラリ戸とセットなので家の中が少し暗くなるため注意が必要です。室内側には2本引きで和紙障子を仕込みました。いつもの大割のデザインでシンプルにまとめています。

○枠廻り詳細図

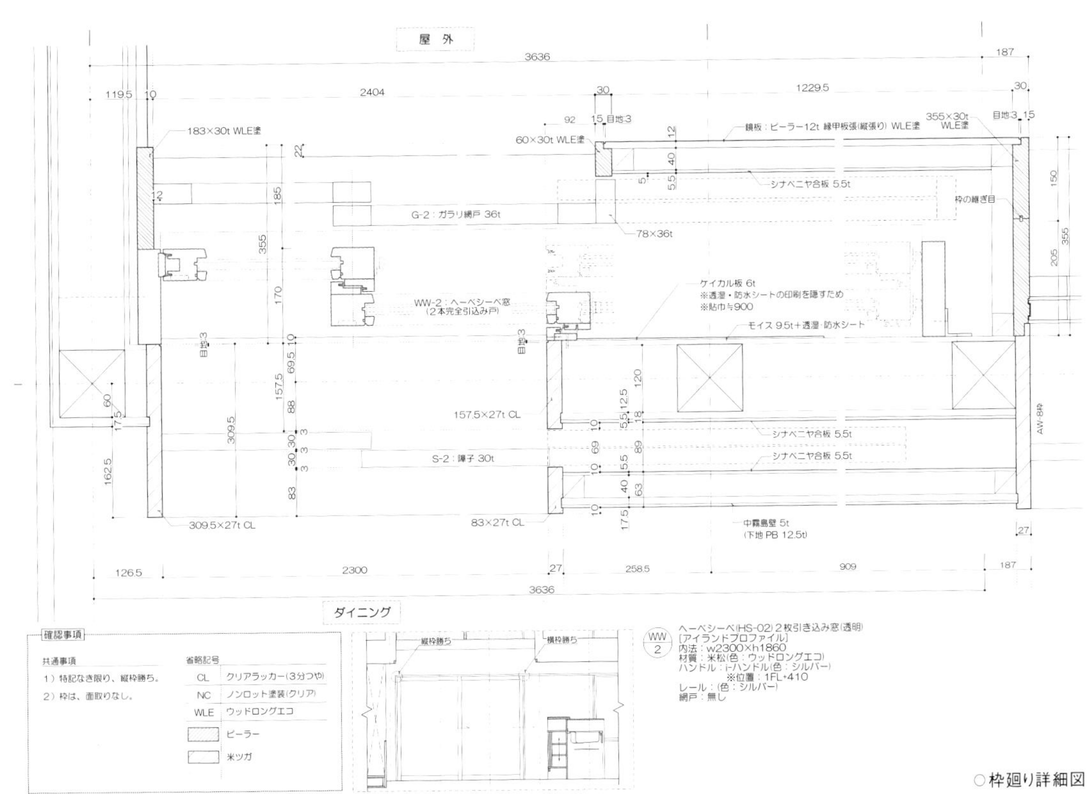

○枠廻り詳細図

性能

性能と意匠の両立

右／2階から階下を見下ろす
左／パーティーなど、大勢の来客に備え予備のエアコンをソファの上部の収納の中に納めている。バックアップに備えておくことも暮らしやすさの秘訣

吹き抜け上部に大きな開口部を設けたいとき、そのメンテナンス（開閉、ガラス拭きなど）のためにキャットウォークと呼ばれる、猫が喜びそうな細い橋のような廊下を設けます。頻繁に使うところではないので極力、簡素なデザインに…僕の定番は十字に切った落下防止が付いているだけ。

小さな子どもがいるときは、さらなる落下防止の工夫が必要となりますが、これだけでも恐怖心もなく、むしろ、開放的な仕掛けとなります。

このキャットウォークが南の開口部とダイニングスペースのバッファーゾーンのような働きもしていて、ダイニングが庭から少し奥まって落ち着いた居場所となっているように感じます。

建築というのは、小さな所作が庭や町との距離感を感じさせてくれたり、落ち着きや居心地などの暮らしの機微に影響するところが面白い…このキャットウォークは単なるメンテナンスのためだけの道具でなく、空間を魅力的にする仕掛けにもなったのではないでしょうか。

実際にそこからの眺めは、住まいの様々な風景を目にすることができて楽しい。なんだか猫の気持ちがわかるような気がしてきます。

◎省エネルギー性能

省エネ地域区分		6地域
C値		0.96㎠/㎡
Q値		1.27W/㎡K
UA値		0.37W/㎡K
ηA値		0.8W/㎡K（冷房期） 2.7W/㎡K（暖房期）
断熱仕様	屋根断熱	発泡ウレタン吹付240㎜（mokoフォーム）
	壁断熱	発泡ウレタン吹付120㎜（mokoフォーム）
	床・基礎断熱	ネオマジュピー基礎立ち上がり66㎜、土間25㎜
	窓	木製サッシ、アルミ樹脂複合サッシ
	ガラス	Low-E複層ガラス・トリプルガラス
	玄関	木製扉（Nドア／アイランドプロファイル）
設備仕様	空調	エアコン
	空気循環	—
	給湯	エコキュート
	換気	第三種換気
	発電	—

メンテナンスに配慮し、吹き抜けにはキャットウォークを設けた。この窓辺もふと外を眺める腰掛になる

甲府の家 ②

2階ホールを子どもたちのスタディコーナーに

2階の寝室をつなぐワークスペース。夏場に活躍する小屋裏エアコンへのアクセスもここから

この家の構成は1階のダイニングスペースが家全体に広がっていく形式のプランです。食べるところが家の中心であるという、僕の設計スタンスを立体的に広げてみました。2階は子どもたちの領域、それを吹き抜けでつないだのです。吹き抜けは単に天井が高い空間ではなくて、下と上の部屋をうまくつなげるためにある手法だと思っています。そうすることで立体的なワンルームとなり、家族のコミュニケーションが取りやすく、良い距離感の居場所ができます。

ここは子どもたちのスタディコーナーであり、図書コーナーでもあり、秘密部屋のようなロフトへの入り口でもあるのです。

キッチンとウッドデッキをつなぐ開口部。使い勝手のみならずキッチン脇に配されたちょっとしたワークスペースからの眺望もプランの一つ

C値	0.96㎠/㎡
Q値	1.27W/㎡K
UA値	0.37W/㎡K
ηA値	0.8W/㎡K(冷房期) 2.7W/㎡K(暖房期)

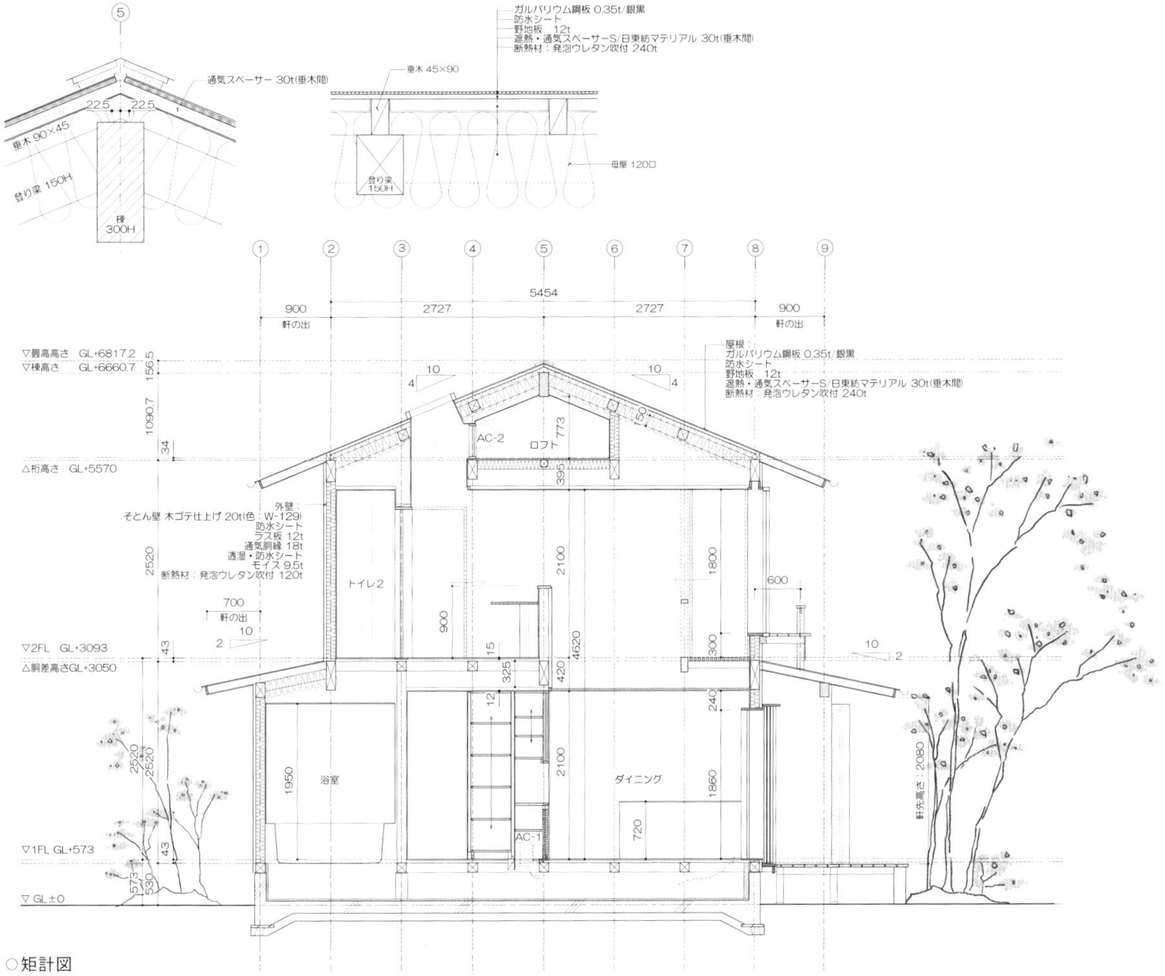

○矩計図

こぼれ話

2

性能と意匠の狭間で

野池さんとのコラボレーションは終わってみれば新鮮で楽しく、新たなものさしを得ることができて本当によかったと思っています。僕の隣で熱計算をしながら「南の開口を、横へ3㎡ほど広くしてくれませんか?」などと、日射取得の最適化を狙いアドバイスをくれます。いつもなら、1本の建具の「片引き込み戸」で済ませていたところを「2本引き込み戸」にしなければ達成できず、僕としては「片引き込み戸」くらいの幅の開口が心地いいと経験上判断しているので、簡単に「はい」とは言いにくい…いつもの手慣れた設計が通用せず、歯痒く、苦しいものであったことは確かです。僕は「手慣れた」という言葉に誇りを感じる性分で、「手慣れの末に生まれる美しさ、心地よさ」が自分らしさでもあると信じています。

職人はみなそうなのではないでしょうか?

今回は「手慣れた」ことが通用しないのですから、でき上がった空間が、自分が「よし」とする水準に達しているだろうか? と少し不安を感じていました。さらに、僕のこれまでの設計では、開口を大きくしていくとコストが大幅にアップしてしまいます。日射取得の最適解による省エネですが、達成するためにはコストが…そこでいつもの開口部の設計を諦め、ガラリと網戸をまとめたり、2階部分は引き違いのサッシュに変更してコストを調整しました。そのようなやりとりには悶々としつつも、最終的には、野池さんの「得意技」・「必殺技」に「返し技」を用意することができ、性能と意匠の融合、多様な心地よさの実現に「手応え」を感じることができました。おかげで野池さんからは性能として100点をいただきました。しかし、今思えば、90点でいいから開口の建具は1本引きでいきたかったな? と密かに思っています（笑）。

3

FUKUSHIMA
Fukushima

福島の家

福島の家

森の中の住まいを目指して

敷地は福島県・福島市内、桜の名所である花見山を遠く東南方向に望む住宅地の一角。敷地が延床面積で３３０坪もあり、そこにはご主人が運営してきたこどもクリニックが建っていました。ご主人の引退を機にここへ「夫婦２人だけの終の棲家」を創りたいとのご要望。当時、住まわれていた家は築30年ほどでしたが底冷えがする寒さ、新しい住まいのご要望は「寒くない家」…僕に設計を依頼する方は「心地よさ」、「暮らしやすさ」などを望まれるのですが、今回ははじめての「寒くない家」というリクエストが加えられたのが新鮮でした。

もうひとつの重要なご要望は雑木林を創りたいということでした。雑木林に成長するまでにどれだけの時間が必要なのかわかりませんが素敵なことだなと思いました。実は、当時、敷地の北側の片隅に放射能で汚染された土がブルーシートに覆われて置いてありました。その光景を見たとき、なんとしてもいい住宅、いい環境を創らなければという思いを強くしたのです。雑木林を創りたいという奥さんの思いは同じだったのかもしれません。緑豊かな大地を創り直すことが、一市民がやれる復興への第一歩なのかもしれません。

散歩をしているような 動線の
楽しさがあふれる平屋

緑豊かな大地を取り戻すことが復興の第一歩

丸テーブルが暮らしの中心

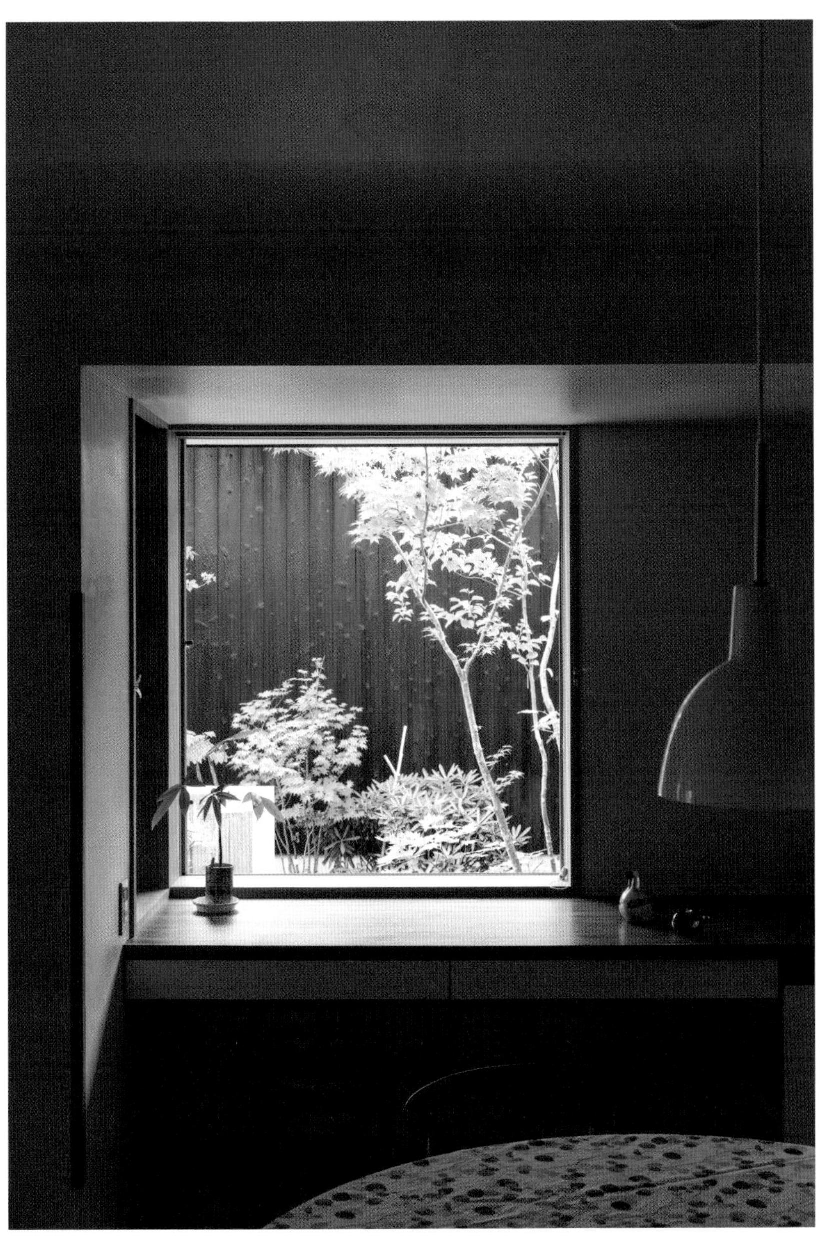

右／シラス漆喰に包まれた室内は清潔感にあふれる空間に
左／リビング手前のダイニングにも開口を設け景色と光と熱を取り込む

室内の仕上げは「質感」を大事に
そして身体にも良いものでありたい

シラス漆喰の壁には木々の枝葉の陰影が映り込む。どこからでも花見山方面を望めるように開口がとられている

リビングの開口。木製建具を壁内に引き込めば緩やかに縁側が広がる。木製ガラリ戸と障子、網戸が設置されている

福島の家 ①

外部と内部をつなぐ楽しい動線

人生の後半を楽しく有意義に過ごす家は大地に張り付くような平屋がいいと思いました。生活を読み解いていくと、ガレージ棟、リビング棟、寝室棟の3つに分けられ、それらが流れるようにつながりながら、雑木林と、遠く花見山へ向かう配置。道路の近くに2台分のガレージを用意、ガレージからは濡れないで玄関へアプローチすることが可能。玄関は通り土間、ガレージからもそのまま通り抜けて、北の菜園に出ることができます。通り土間からはリビングダイニングへの「表動線」と、キッチンへつながる「裏動線」と分かれていきます。「建築は動線である」と言い切りたいくらい、建築の中で動線という人の動きを設計するのは大事なこと。住宅建築に大きな足跡を残し、今でも人気の高い建築家の宮脇檀さんが「子どもが走り廻れる家はいい家だ」と語っていたことを思い出します。小さな住まいでも廻れる動線があると動きが途切れない…機能的でウキウキするような移動の楽しさを生み出すことが可能なのです。

とにかく、平屋の家は単調な住まいになりがちです。若い住まい手なら段差の工夫で楽しさを創り出すことも可能ですが、人生の後半を意識した住まいでは安易に段差を取り入れるのは避けなければなりません（僕も還暦となり、つくづくそう思う）。この家では平屋の単調さを解消するためにも動線の楽しさを盛り込むことにしました。屋根（棟）で暮らしの大きなゾーンを分けて、暮らしやすいように素直に動線で結んでいく、それは外部の動線にもつながり敷地全体で歩き廻れる楽しい住まいとなったと思います。散歩好きな僕の勝手な思い込みですが、歩くことは脳にも身体にも、それらが統合した精神にも良い効用をもたらすと思います。

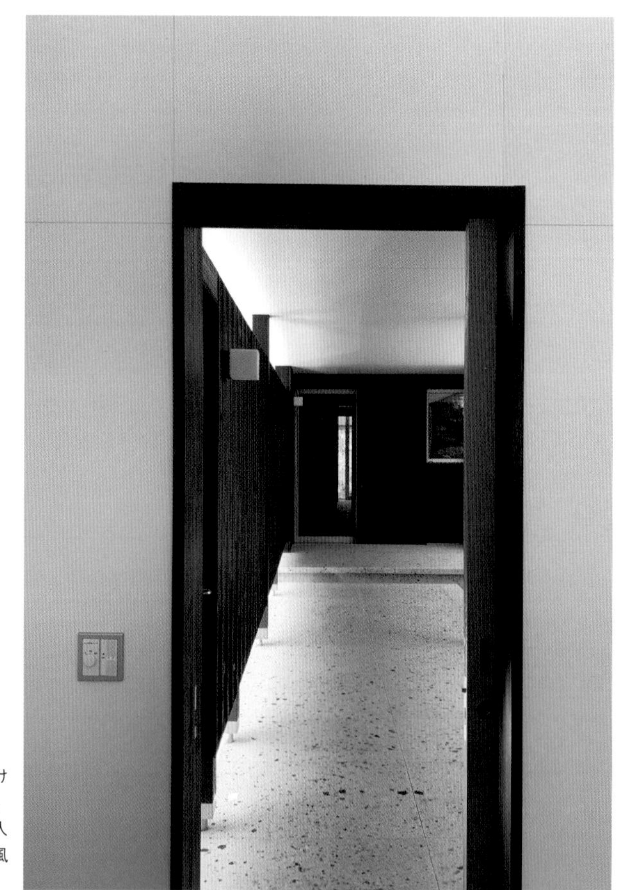

ガレージから玄関、土間を抜けて裏庭にまっすぐ伸びる動線。ガレージから雨に濡れず家に入れるだけでなく、左の塀が強風除けの役割も

福島の家

所在地　福島県福島市
敷地面積　1093.47㎡
延床面積　184.26㎡
構造　木造在来工法
施工　樽川技建
造園　華翠園

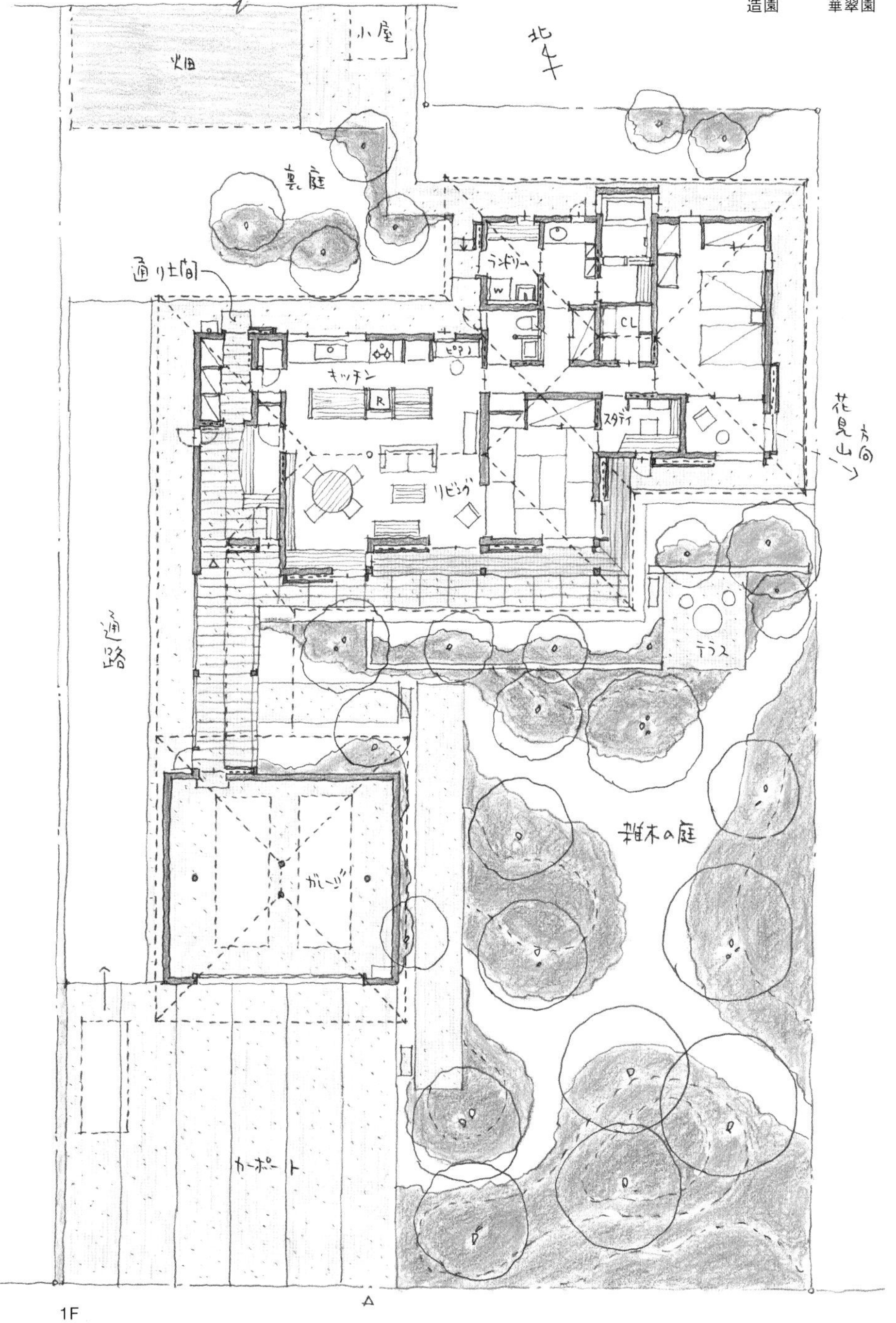

1F

ガレージ前からリビング方向を見る。訪問者はガレージ横のアプローチをたどって玄関にたどり着くため、正面からは見えない曲がりくねった動線に楽しさを覚える

ポイント

屋根が風景を創り出す

仕事で地方に出かけると、素晴らしい町並みがまだ残っていることに感動を覚えます。しかし、一方でそれが破壊され、改悪されていく光景を目の当たりにして自分に何ができるのだろうかと考えます。

町並みが美しいと感じる大きな要因は屋根です。特に日本らしい風景を創り出しているのは歴史の中でずっと日本の建築を支えてきた瓦屋根。

その瓦屋根が連なる「甍(いらか)の波」はどんな優れた建築家でもひとりでは創り出せない風景です。現代は様々な屋根材が混在し、同じ素材で屋根が連なる美しい風景は無くなってきました。昔の瓦のように現在の屋根を支えているのがガルバリウム鋼板、合金板で錆びにくく、軽くて加工しやすく耐久性・耐震性の高い素材です。

今回、「甍の波」は叶いませんでしたが、ガルバリウムのシルバーの屋根並みで、1軒の住宅でも小さな風景が創り出せないかと考えました。3つの棟が雁行することで様々な角度から異なる表情を創り出すはずです。

大好きな古民家のひとつに沖縄の中城村にある「中村家」があります。その屋根並みの美しさ、風景を思い出しながら、そう言えば中村家の屋根並みは母屋とアシャギ(ハナレ)、それに蔵と畜舎からできていたな…と思い出しました。屋根並みはプランに対応した明快な架構が表出したものであり、棟の数は生活ゾーンの違いです。

屋根の素材が何であれ、屋根並みが美しい住宅はプランニングがうまくいった建築と言えるのかもしれません。

ガレージ棟、リビング棟、寝室棟の3つの棟で構成しつなげた平屋。一戸でありながら集落のような屋根並みに

性能

暮らしに ゆとりをもたらす 半戸外空間

日本建築は外部と内部の「あいだ」に濡れ縁や縁側軒下の土間空間が用意され、それが風雨や強い日射から建築を守り、室内環境をコントロールしてきました。さらにそれらのバッファーゾーンが建築に陰影を与え、佇まいの魅力を創り出していたのです。断熱材やエアコンのない時代には半戸外空間は暮らしにとって、なくてはならないものだったはず。

しかし、住まいに断熱を施し、エアコンを設置することが当たり前となった今では必ずしも半戸外空間はなくてはならないものではなくなってしまいました。敷地に余裕がなくなり、日射を制御できるシャッターなどの建築設備も増えて、設計の自由度が増してきました。実際、町の中には箱のような住宅がたくさん立ち並び、味気ない風景を創り出しています。味気なさの原因のひとつは半戸外空間の消失、それを守る屋根や庇がなくなったからではないでしょうか？それは風景だけではなくて、住まいのあり方、暮らしの中身も

◎省エネルギー性能

省エネ地域区分		3地域
C値		—
Q値		—
UA値		0.4W/㎡K
ηA値		—
断熱仕様	屋根断熱	現場発泡フォームライトSL200t
	壁断熱	高性能グラスウール16K120t
	床·基礎断熱	フォームライトエコA種1（ML） 基礎立ち上がり60㎜、土間50㎜
	窓	木製サッシ、アルミ樹脂複合サッシ
	ガラス	Low-E複層ガラス・トリプルガラス
	玄関	ユダ木工（IW921-AH1821P）
設備仕様	空調	エアコン
	空気循環	—
	給湯	ガス
	換気	第三種換気
	発電	—

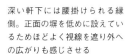

深い軒下には腰掛けられる縁側。正面の塀を低めに設えているためほどよく視線を遮り外への広がりも感じさせる

寝室に隣接した小部屋が暮らしにゆとりをもたらす

味気ないものにつながっているように思います。軒下空間は無駄ではなく、暮らしにゆとりをもたらす居場所なのだと思い、できる限り設計に取り入れてきました。

福島の家では軒先から3尺下がって濡れない濡れ縁を設けました。陽射しを遮り、少々の雨にも安心して居られる居場所です。大好きな庭いじりの後の庭や遠い花見山方向を眺めながらの休憩に活躍することでしょう。

この軒下空間があることで味気ない効率優先、経済優先の住宅から、人生の後半の暮らしを楽しむためのゆとりと豊かさを持つ住まいとなったと思います。

平屋ながらに集落のような美しい屋根並み

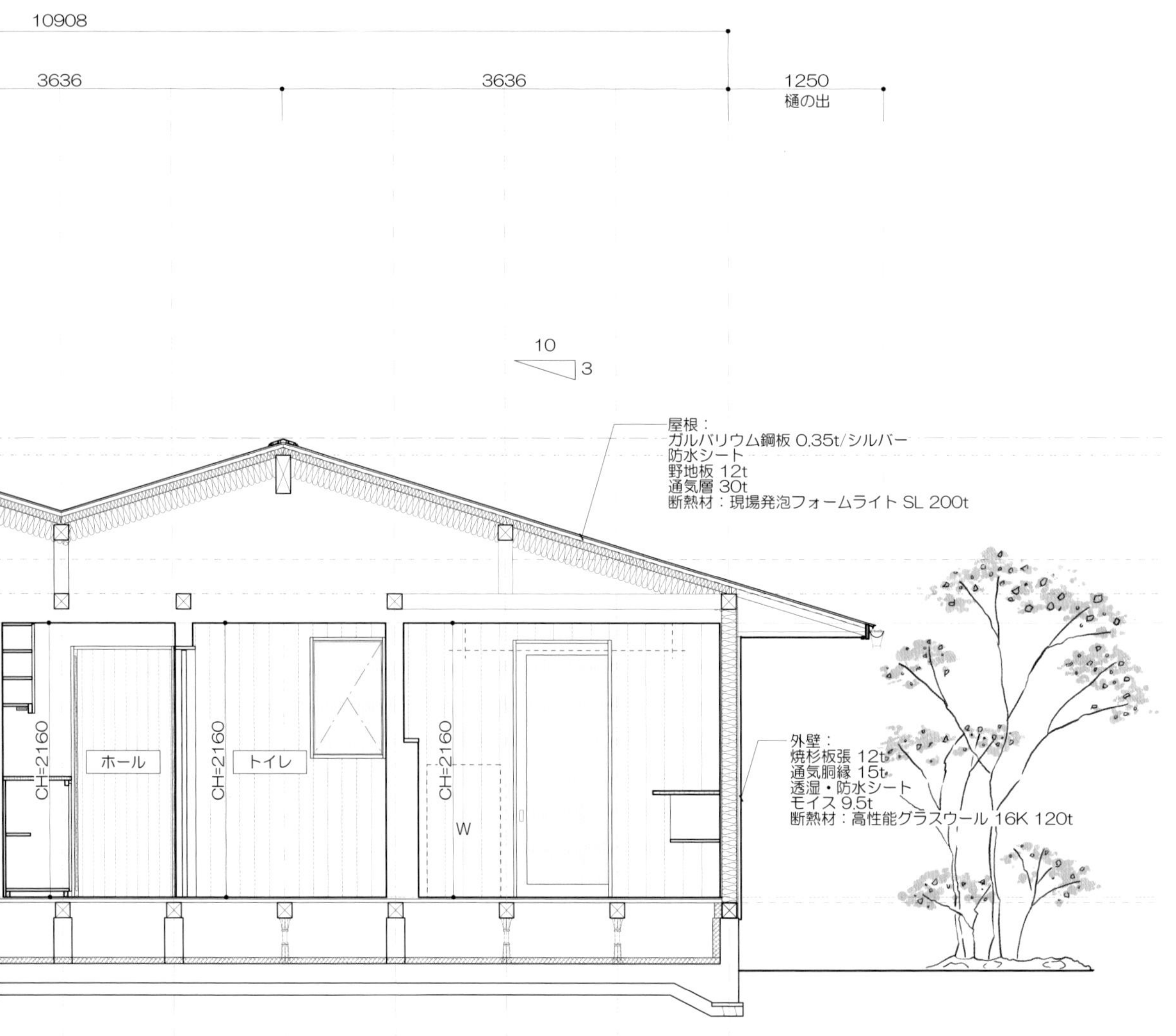

右／玄関を入るとすぐ右手に腰掛られる空間。小窓は外の光を採りこむだけでなく、夜には内からの灯りを外に照らす
左／玄関からパントリー、裏の勝手口に動線がまっすぐに伸びる

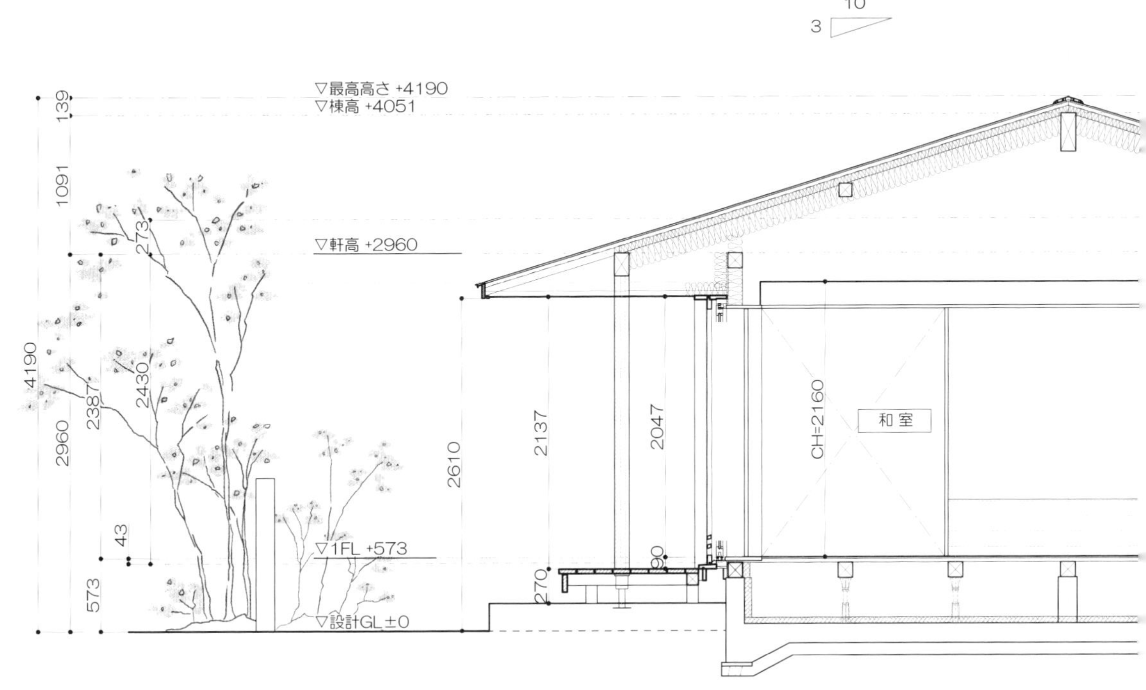

○矩計図

こぼれ話

3

職人の心意気

設計の最初の一手は何か？　と聞かれれば迷わず「ガレージ、カーポートの位置」と答えます。普段、車を使う人にとって車の出し入れ、車を停めた位置からの動線が住宅設計のすべてを決めると言っても過言ではないからです。つまり、住宅設計は暮らしの動線を設計することと言い換えてもいいのです。それほど、「駐車の位置取り」は「間取り」の中で真っ先に考えることなのです。この家では南道路に張り出すように位置し、道路からバックで納めやすいようにしています。ガレージで母屋のプライバシーを守るように配置し、ガレージから雨の日も傘を差さずに玄関にたどり着けるようにしました。

予算の関係でガレージの中は珪酸カルシウム板の無塗装としました。バックヤードと割り切っていたのですが、大工さんのこだわりで見事な割り付けで美しい仕上がりとなりました。設計ではコストダウンのつもりでしたが、無塗装だからこそ、素地のボードを綺麗に割り付けなければと、職人に気をつかわせてしまいました。反省しつつも、職人の心意気に感動した忘れられないガレージとなりました。

4

GIFU
Ono

くらしこの家とハナレ

2世帯住宅の望ましい関係

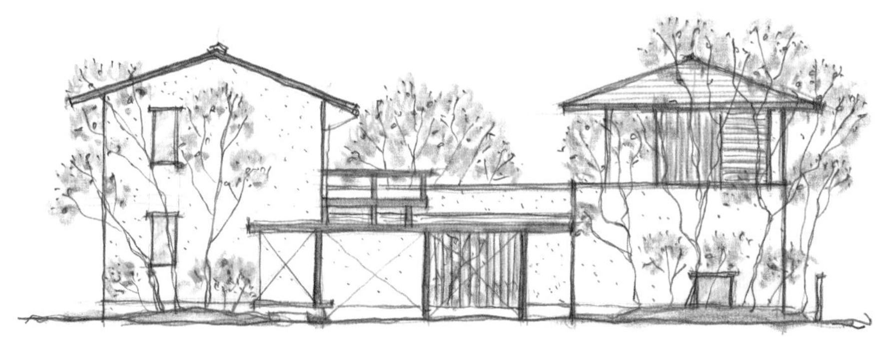

柿畑が広がるのどかな風景の中に佇む親世帯（ハナレ）と子世帯（母屋）の2世帯住宅という設定のモデルハウス。母屋が2015年にでき上がり、ハナレは2018年に完成しました。伊礼智設計室でも2世帯住宅はよく手掛けていますが、近年はひと棟の2世帯住宅は難しくなってきたと思います。

実の娘さん一家との2世帯の場合はほとんど問題ないのですが、お嫁さんとの同居ケースは、設計途中で義理のご両親と意見が合わず、家づくり自体が中止となったことも1度や2度ではありません。最近のお嫁さんは強い…遠慮しません（笑）。

社会に進出し、自分の価値観をしっかり持ち、自分の人生をかけて暮らしていますから当然といえば当然。嫁が我慢する時代ではなくなったのです。

そんな時代に、ほどよい距離でお互いが楽しく暮らすあり方のひとつを提案しようというのが、この「くらしこ」のプロジェクトです。

昔から「スープの冷めない距離で…」という言葉があるのですが、ほどよい関係の基本は距離を置くこと、さらにその距離の中に具体的にどのような空間を用意したらより楽しいだろうかを考えてみました。

様々な庭で
ほどよい関係を保つ

外壁は自然素材でありながら防水・調湿・防火・吸音なども優れる「そとん壁」。車2台分の外物置付きカーポートの壁の一部をガラリとし、町に緑をお裾分け

つかず離れず
視線の先に
心地よい距離感と
安心感

右／ハナレから庭越しに見る母屋。庭が日々の暮らしに豊かさをもたらす
左／四季折々表情を変える中庭

くらしこの家とハナレ ①

3間×6間のベーシックプラン

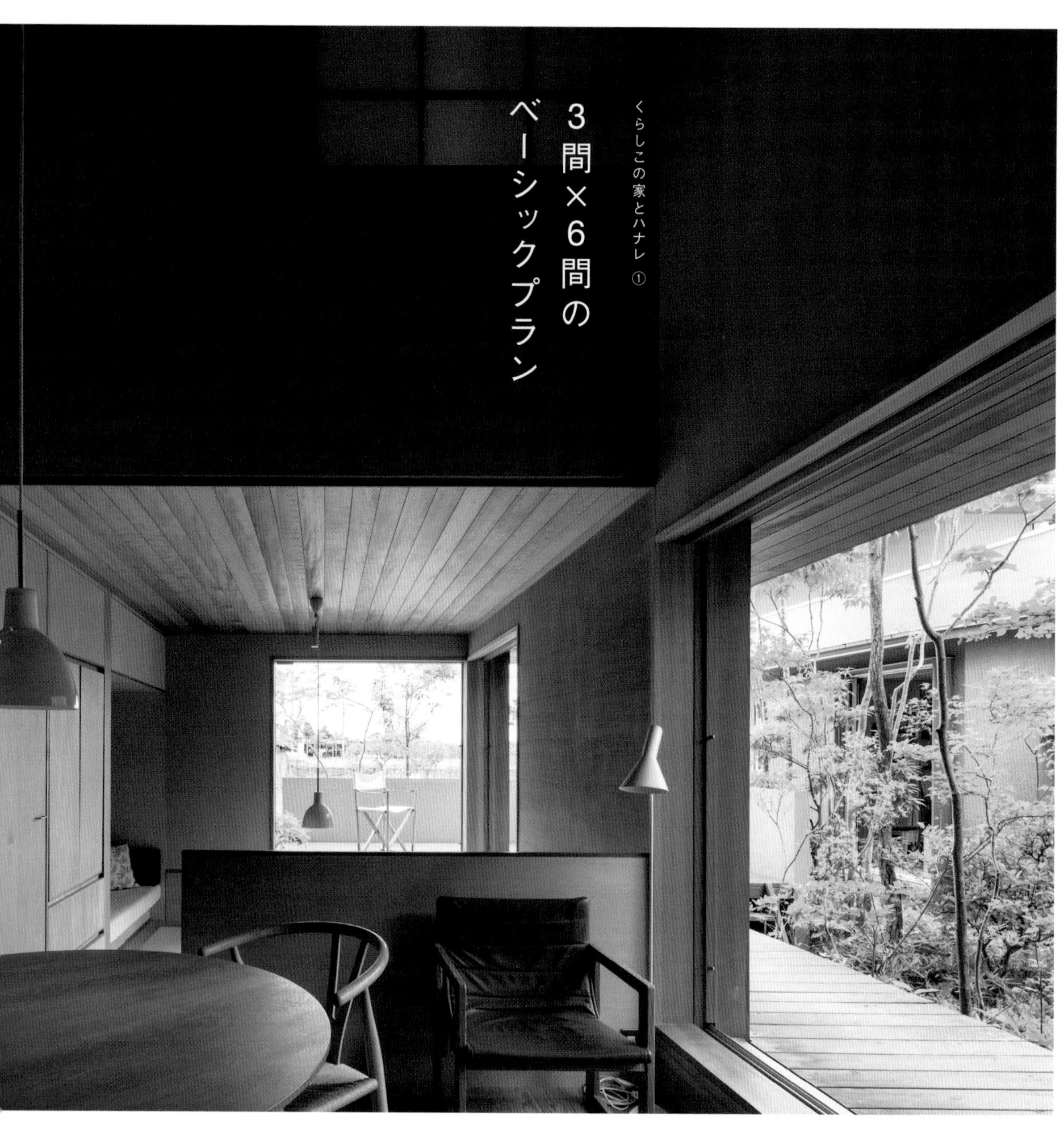

地方で設計する時、都心部と大きく異なることのひとつが車の台数であり、地方だと3台以上の要望はもはや珍しくありません。その上、濡れないで車に乗り降りしたというのもほぼ必須。ガレージやカーポートと母屋との関係が腕の見せどころ、佇まいの押さえどころとなります。今回は母屋を東西に長い3間×6間のシンプルな2階建てでまとめ、南北軸に車2台分の外物置付きカーポートを設けました。カーポートと庭を仕切る壁にはガラリを設けて、町（道路）側から風をもらう代わりに町に庭をお裾分けしています。道路から車の出入りがしやすく、町から庭を切り取りつつも、ガラリを通して緩やかにつなげることを意識しました。

プランは住まいの中心に吹き抜けたダイニングを配し、ダイニングが立体的に家中に広がり、つながっていく構成です。日頃から住まいの中心は食べる空間だと考えていますが、それが明快に現れたプランです。

リビングはダイニングと一体

右／ダイニングからリビングの先までウッドデッキが囲み、建具をフルオープンにすると庭と一体に
左／吹き抜け上部の2階はスタディコーナーに。多目的に使用できる
中・下／ダイニングと2階は吹き抜けでほどよい距離感を保つ

になり、床が1段下がったタタミリビング。タタミリビングには造り付けの小さなソファを設えました。小さなお子さんの昼寝コーナーとしても活躍します。
2階は吹き抜けがL型に広がるように開放され、住まいの中心であるダイニングの雰囲気が子どもたちのデスクコーナーにつながり、親子のほどよい距離ができたと思います。
母屋は延床面積32坪、4人家族のベーシックな郊外型プランと言えるのではないでしょうか。

くらしこの家とハナレ ②

タタミリビングのススメ

タタミ間が欲しいという住まい手は少なくありません。床に直接座ったり、寝転んだりしてくつろぎたい、両親が泊まれるように小さくても良いのでタタミ間がほしい…。

しかし、生活様式の変化により、床の間のついた本格的な和室はだいぶ少なくなってきました。

タタミは床材なのか?家具なのか?…とても曖昧な存在です。大昔はタタミを担いで引っ越ししたそうですから、それは家具と言った方が良いでしょう。

タタミの縁があると空間に方向性が出てしまうので、今回は縁をなくしています。床の間がないタタミ間の場合は縁なしのタタミを使い、部屋の方向性を消し、プレーンな間を作ります。

タタミは「家具」としての感覚があるから、直に座ったり寝転がったりできるのでしょう。脚が悪くてタタミ間が苦手という人もそこに一緒にいられるように、造り付けのソファを設け和洋折衷の「タタミリビング」を提案しました。

リビングルームと言うよりも「茶間」的な居場所となりました。

右・左上／床から一段下げたタタミリビング。外とつながる窓の傍らも造り付けソファもそこかしこが居場所になる
左下／天井高を低く抑えたタタミリビングと吹き抜けのダイニングのメリハリが空間に趣を生む

ポイント

家具の中に組み込んだソファ

仏壇とともにひとつの家具としてまとめられたソファ。
開口部から少し距離を取り、部屋の奥まったところに落ち着いた居場所を用意しようと考えました。座の奥行きも750ミリとゆったりしているので、寝転がって本を読むのもよし…家具の中に入り込むような昼寝コーナーとしても使えます。座面の下は収納となっています。

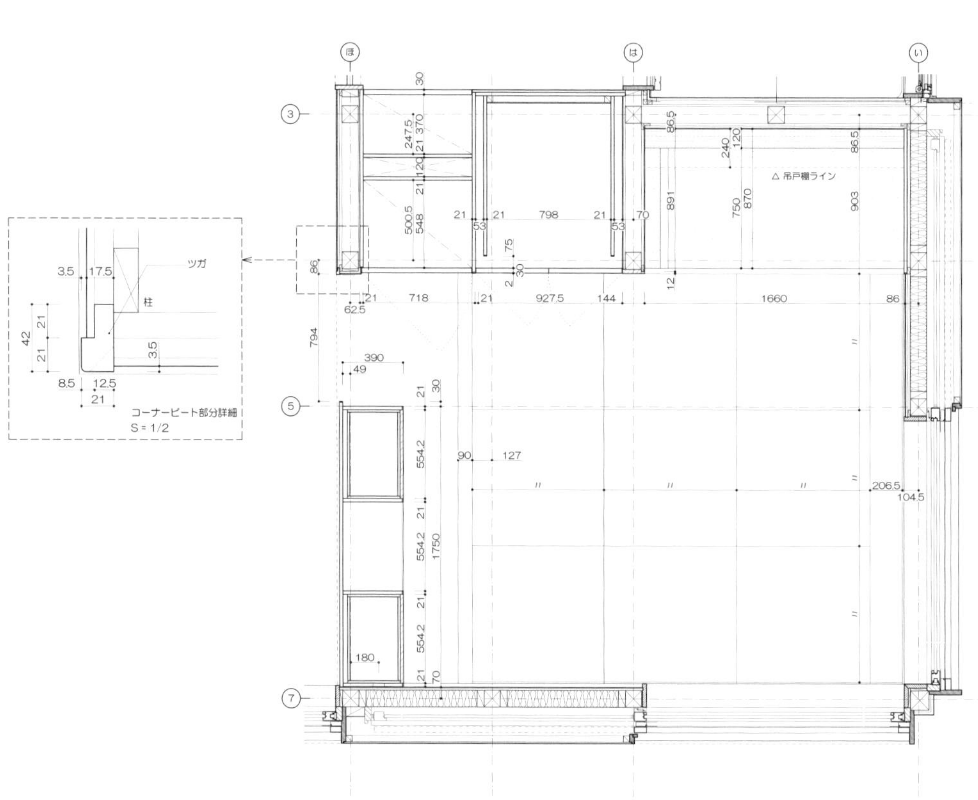

○タタミリビング平面詳細図

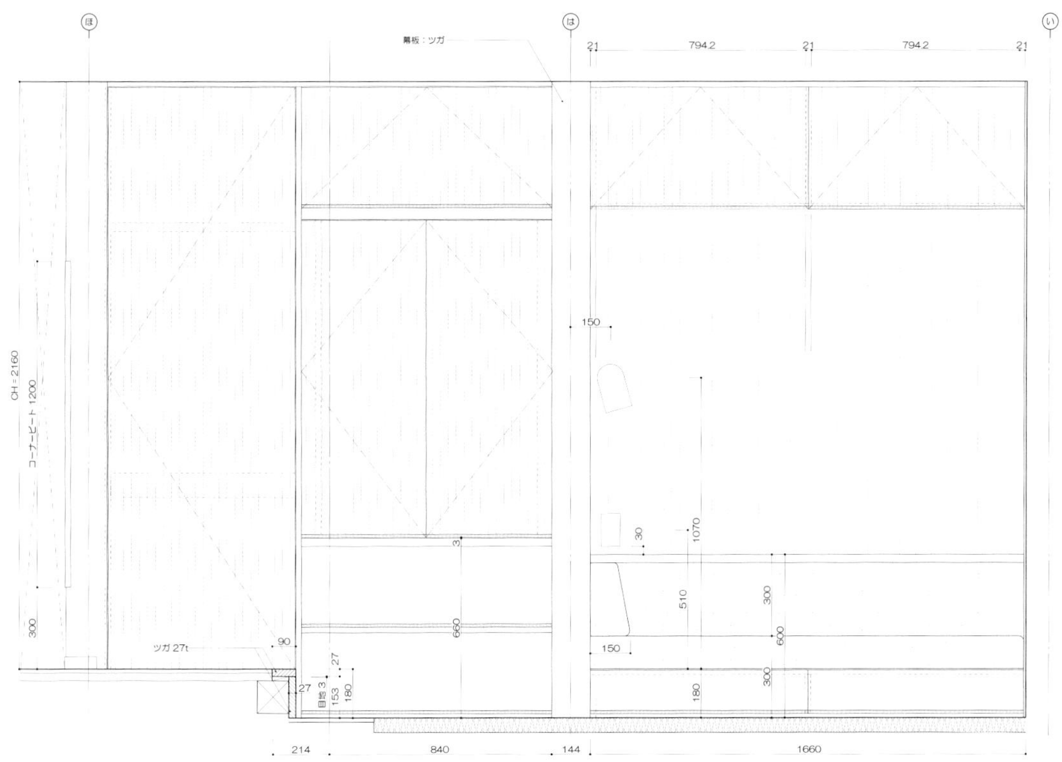

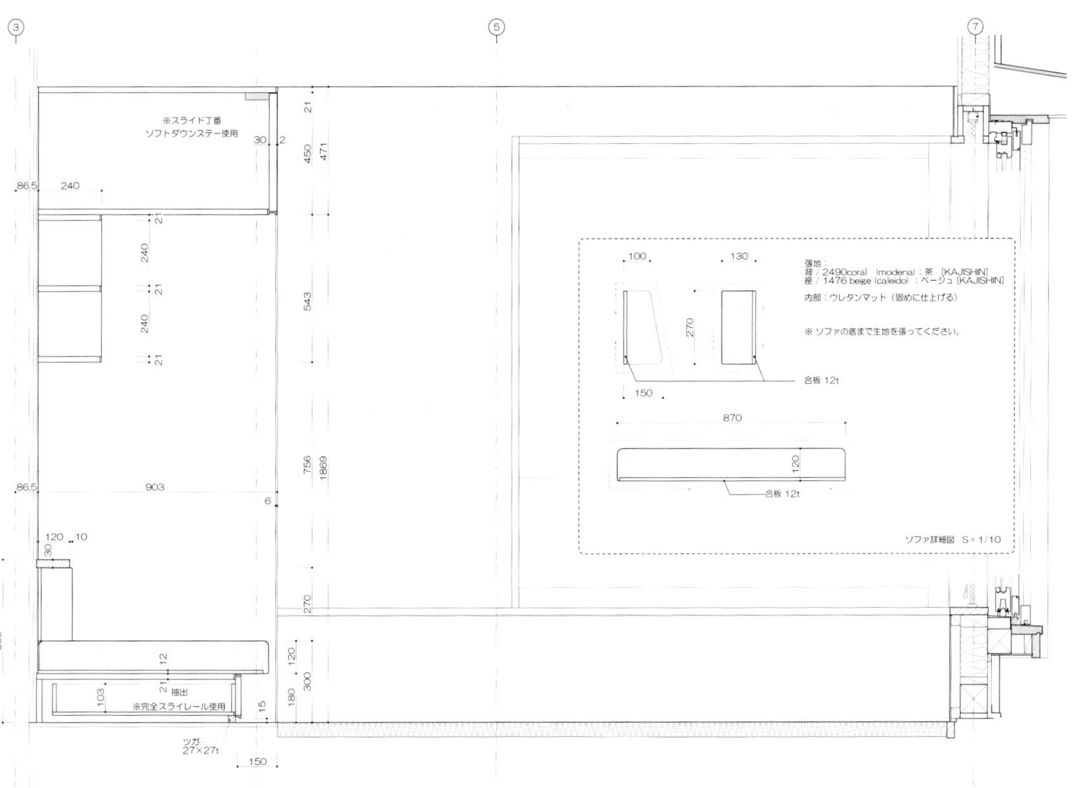
張地：
背 / 2490coral（modena）：茶［KAJISHIN］
座 / 1476 beige（caleido）：ベージュ［KAJISHIN］
内部：ウレタンマット（固めに仕上げる）
※ ソファの底まで生地を張ってください。
合板 12t
ソファ詳細図 S = 1/10
※スライド丁番
ソフトダウンステー使用
抽出
※完全スライレール使用
ツガ
27×27t

○ソファ詳細図

性能

気密の大事さを知ったプロジェクト

オーナーであり、施工をした野村建設は長年、高断熱・高気密に取り組んできました。くらしこの家はどちらも高断熱パネルで構成されています。

工事中に驚いたことは現場の床がシルバーのテープだらけだったこと。これほどやらないと気密がとれないのか？ と高断熱・高気密に取り組みはじめたばかりの僕にとって、とても新鮮な光景でした。その施工精度があったおかげで、くらしこの母屋は木製建具（ヘーベシーベ）のフルオープンタイプが3カ所もあるにもかかわらず、UA値（外皮平均熱貫流率）0・55W/㎡K、C値（気密）は0.2㎠/㎡、特に気密の素晴らしさに驚きました。野村建設の施工では20年後でも気密性能が2割しか落ちないのだそうです。20年後に0・24㎠/㎡という数字は素晴らしいと思いました。

実はこの仕事に関わるまで、多くの建築家と同じく、気密はそれほど重要ではないと思っていました。気密の高い家は息苦しい…ある程度、隙間がある方が自然に換気もできて良いので

ハナレのリビングに設けられた開口部。母屋側の窓を開けると風が通り抜ける

◎省エネルギー性能（ハナレ）

省エネ地域区分		6地域
C値		0.2㎠/㎡
Q値		1.64W/㎡K
UA値		0.38W/㎡K
ηA値		1.1W/㎡K
断熱仕様	屋根断熱	吹付硬質ウレタンフォームA種1H15
	壁断熱	硬質ウレタンパネル105t
	床・基礎断熱	硬質ウレタンパネル105t
	窓	木製サッシ、樹脂サッシ
	ガラス	Low-E複層ガラス・トリプルガラス
	玄関	Nドア（アイランドプロファイル）
設備仕様	空調	エアコン
	空気循環	—
	給湯	エコキュート
	換気	第三種換気
	発電	—

庭に向かって大きく開いた開口部。窓の性能が高いからこそなせる業

は？　と考えていたのです。それは建築家に多い典型的な誤解で、断熱パネル工場で気密に関する実験を見せて頂き、その重要性がすぐ理解できました。実験装置は気密の良い箱と悪い箱のふたつ、それに白い煙を仕込んで、どちらが早く透明になるかの実験でしたが、結果は気密の良い箱。これで気密が良くないと計画換気が成り立たないことを目の当たりにしたのです。この仕事を通して、僕の高断熱・高気密アレルギーが解消され、今まで通りの設計の延長線上でも、性能が格段に良くなることがわかったことが収穫でした。

　しかし、それには優れた施工が必要なことも…。どんなに性能が良い断熱材でも、施工精度が伴わないと効果が発揮できないこともわかってきました。

左が母屋、右がハナレ。窓のあかりが2世帯住宅のほどよい関係性を表すよう

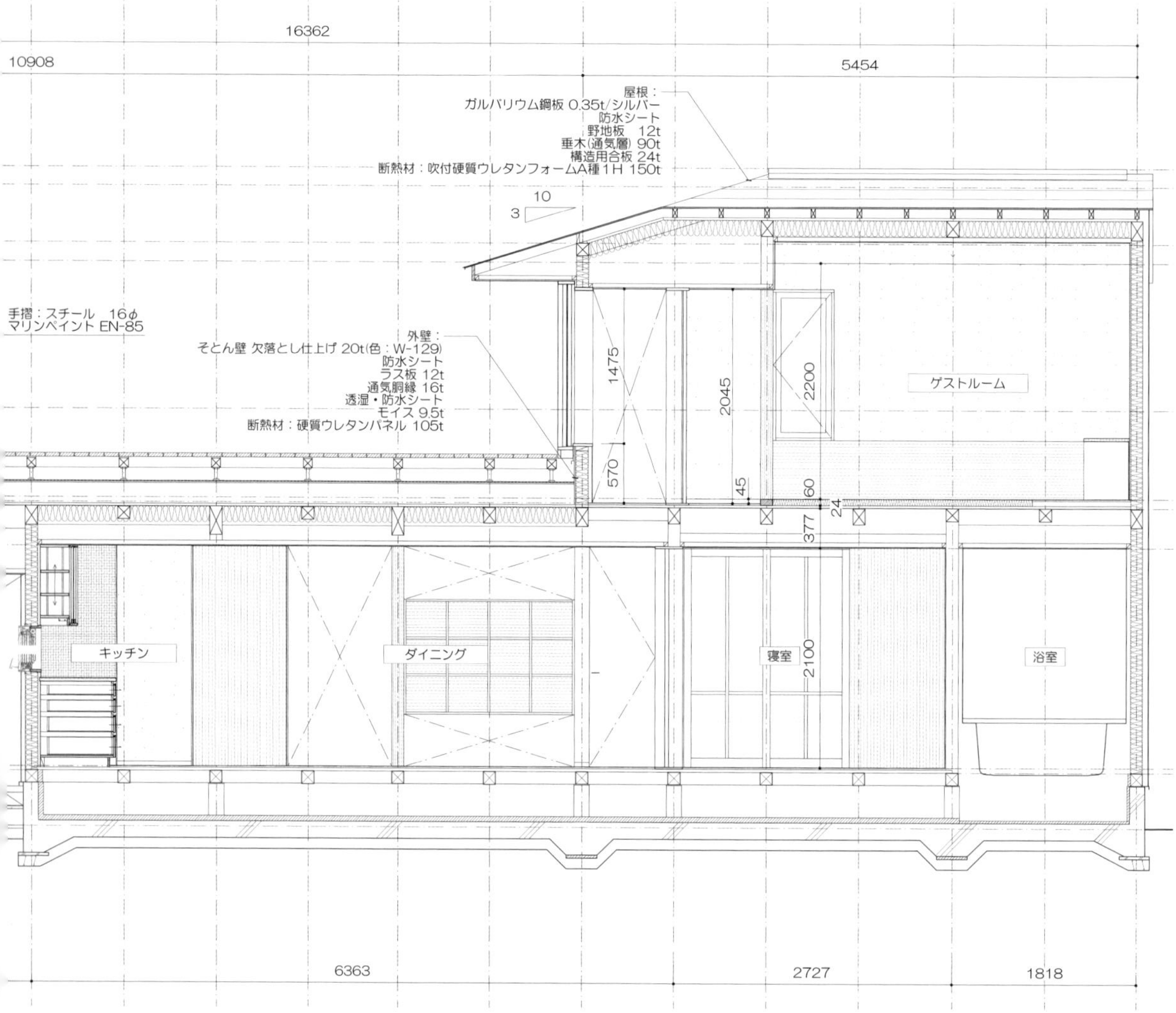

16362

10908

5454

屋根：
ガルバリウム鋼板 0.35t/シルバー
防水シート
野地板 12t
垂木(通気層) 90t
構造用合板 24t
断熱材：吹付硬質ウレタンフォームA種1H 150t

10

3

手摺：スチール 16φ
マリンペイント EN-85

外壁：
そとん壁 欠落とし仕上げ 20t(色：W-129)
防水シート
ラス板 12t
通気胴縁 16t
透湿・防水シート
モイス 9.5t
断熱材：硬質ウレタンパネル 105t

1475

2045

2200

ゲストルーム

570

45

60

24

377

キッチン

ダイニング

寝室

2100

浴室

6363

2727

1818

トップライト

スタディ

CL

吹抜け

テラス

母屋 2F

C値 ………………	0.2㎠/㎡	（ハナレ）
Q値 ………………	1.64W/㎡K	（ハナレ）
UA値 …………	0.38W/㎡K	（ハナレ）
ηA値 …………	1.1W/㎡K	（ハナレ）

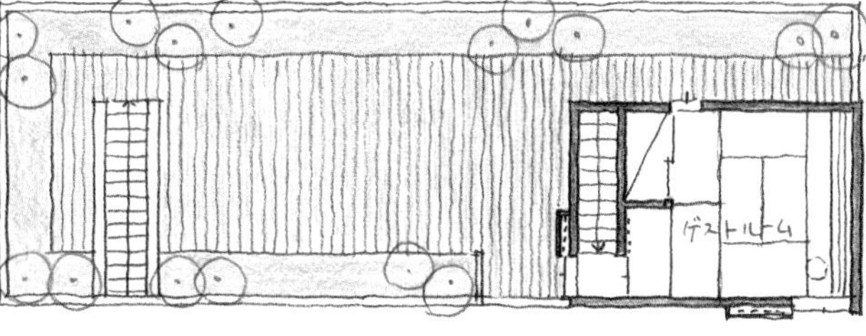

ハナレ 2F

世代を超えて住み継ぐ家

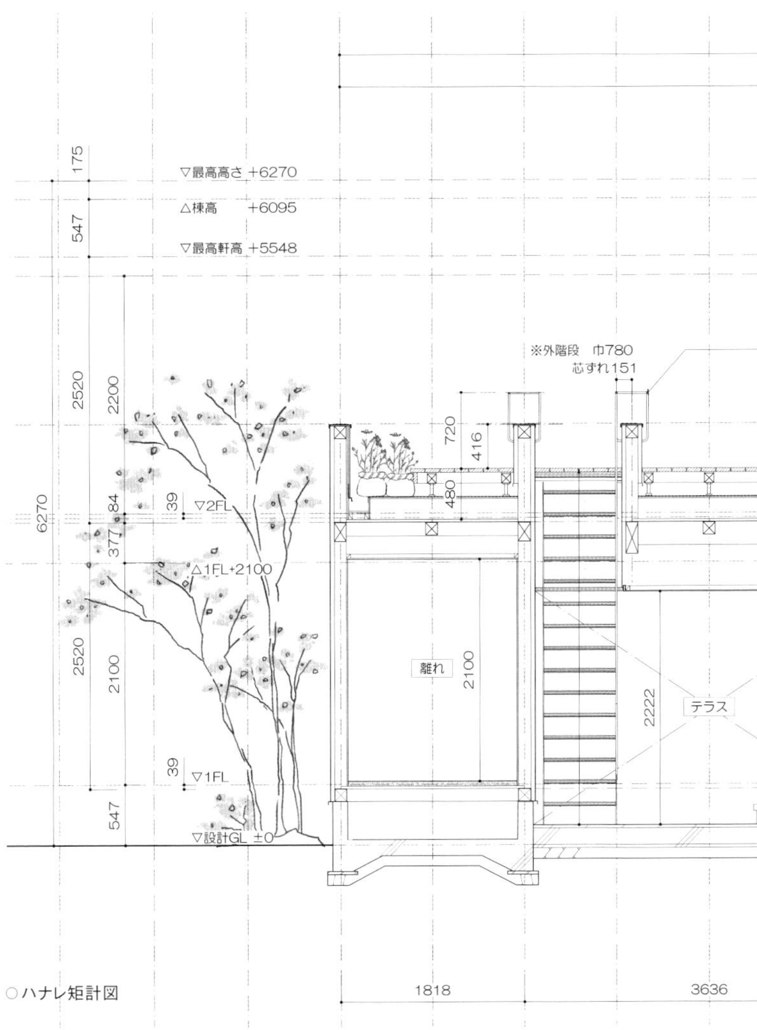

○ハナレ矩計図

くらしこの家とハナレ ③

庭と半戸外のテラスで間合いをとる

母屋から3年の後、南の庭先にご両親2人暮らしの設定で平屋暮らしの小さな住まいを設計しました。普段の暮らしは1階（24・75坪）のみで成立し、ゲストが泊まれるように2階に予備室を設けています。人生の後半を楽しく、健康的に暮らすための「終の棲家」を考えている方のほとんどが、子どもたちが泊まれる部屋が欲しいというリクエストをお持ちです。普段使わないのでもったいないとは思いつつも、親心は痛いほど理解できます。

ハナレは庭を挟んで、さらに半戸外のテラスを挟んで「ハナレのハナレ」（趣味の部屋）を配置しています。テラスを設けたのは母屋の南の庭への視線が柿畑まで抜けていき、南の風も抜けていくように考えたからです。このテラスは屋根が掛かっているので、天気のよくない日でも、みんなでバーベキューができて楽しい空間に（最近、ここにピザ釜を作りました）。このテラスから直接屋上のデッキへもアプローチできて大勢でもアウトドアパーティーができそうです。

まるで「母屋」と「ハナレ」と「ハナレのハナレ」の3つの建物の「あいだ」の空間を設計しているようなものでした。

2人暮らしなので寝室も開放的に配置。ご年配の方の住まいを想定しているとはいえ、リビングは2段床を下げて、大地に近く、潜り込むような居場所としました。また、遠くに視線が抜けるようにすることで小さくとも広がりのある設計を心がけました。

右・左・中／2段下がっていることでこもるような安心感が増すリビング
左下／風と母屋の気配を感じながらひと息つける居場所

くらしこの家（2004）

所在地	岐阜県揖斐郡大野町
敷地面積	320.99㎡
延床面積	120.43㎡
	1階／102.26㎡
	2階／18.17㎡
構造	木造在来工法
施工	野村建設
造園	荻野寿也景観設計

ハナレ（2018）

所在地	岐阜県揖斐郡大野町
敷地面積	496.55㎡（母屋含む）
延床面積	101.64㎡
	1階／81.81㎡
	2階／19.83㎡
構造	木造在来工法
施工	野村建設
造園	荻野寿也景観設計

上／ハナレのテラスからも2階のゲストルームからもアプローチできる屋上デッキ
下／2階のゲストルームは多目的に使えるタタミに

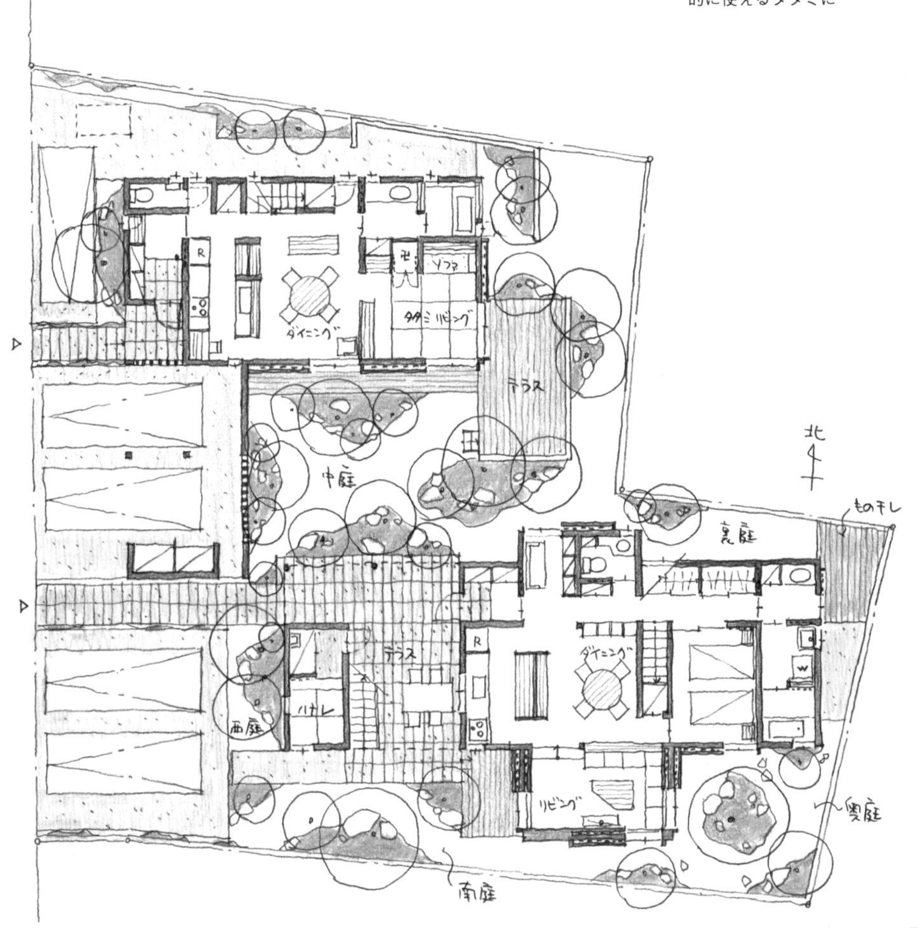

1F

家族が四季を
楽しみ
自然とふれあう

ハナレの玄関先にはベンチを配し、ピザ窯も設置。家族も友人も自然と憩う場所に

こぼれ話

4

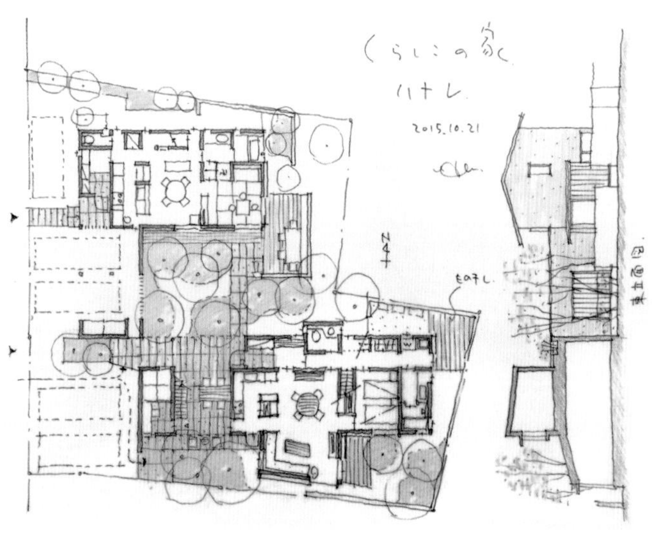

即日設計の底力

くらしこの家ができた頃、主宰している「住宅デザイン学校」の生徒さんを連れて見学にいきました。くらしこの家の見学とカリキュラムのメインである、即日設計をこれから建てることになるハナレの敷地を使って、生徒たちに「ハナレ」の設計課題に取り組んでもらったのです。即日設計はその日、はじめて見た敷地にその場で渡された設計条件を元に3時間で案を練り上げるというもの…僕も一緒に参加し、予定しているハナレとは異なる案を考えてみました。元のハナレはごく普通の平屋で、庭を挟んで対座する配置ですが、今回は建てることを前提としていない余興のようなものなので、少し挑戦的な案を考えることにしました。

母屋とハナレの2つの家を庭でつなげていくこと、大小の庭をいろいろな方向から楽しみながらお互いのプライバシーが守れること、ハナレは普通の切妻屋根でなくて、船の甲板のような大きな屋上テラスとして屋上からも庭が楽しめるように、甲板とつながる2階には、ひと家族が泊まれるようなゲストルームがあることなどを盛り込んで、新しい案を創りました。3時間の即日設計で精一杯まとめてみたことが、野村建設の現・井上社長の琴線に触れたのか？予定していた案ではなく、この案で建てたいとの申し出を受けました。

僕は日頃から空き時間を利用した即日設計の積み上げで設計を詰めています。案をまとめては寝かせ、手を加えては寝かせ…納得いくまで考え続けます。

「くらしこのハナレ」の案は「くらしこの家」の建設期間の間、寝かせられ、最初の案よりも長い熟成期間を経て、芳醇な案となったのです。

5

NAGASAKI
Isahaya

諫早の家

諫早の家

スタンダードな住まいを探して

かれこれ約10年、住宅デザイン学校というプロ向けの設計セミナーの校長役をさせて頂いています。一般の大学では木造住宅の実務は教えないどころか、斬新なアイデア、奇抜な設計が推奨されます。荒唐無稽な案を平気で繰り出せる学生が評価され（ちょっと言い過ぎか?）、まじめで素直、思いやりのある学生ほど自信をなくし落ちこぼれていく。もちろん価値観の異なる多くの先生たちがいて、可能性のある生徒の救い上げはやりますが、基本的には1000人の中の1人の優秀な学生を育てようというのが大学教育なのだと思います。デザイン学校では社会に出て、くすぶっている人、きちんとしたデザイン教育を受けてこなかった人（工務店に多い）を対象とした住宅設計の実務セミナーです。初期は設計初心者が多かったのですが、最近の生徒さんたちの意欲と実力の高さには目を見張るものがあります。

諫早の家はそのデザイン学校に応募してきたフルマークハウスという工務店を運営する、意欲と実力を兼ね備えた吉田安範さんの将来の自宅であり、当面のモデルハウスです。住まい手の要望という特殊解と工務店のモデルハウスという一般解を併せ持つ住まいというのが今回の課題でした。ここで提案したのは3間×5間の2階建て、延床面積30坪をベースにスタンダードな住まいを提案すること。「小さな家で豊かに暮らす」ことをフルマークハウスとともに探ってみました。

景色と光の揺らぎを楽しむ2階リビング。漆喰の素材感と落ち着いた色合いと高さを抑えた天井が心地のよい空間を創る

ひとつの空間の
あちこちに
居場所を創る

嫌味のない
佇まい
簡素なものに
品格は宿る

無垢の木目の経年変化と庭の緑
との調和が自然な佇まいをより
引き立てる

諫早の家 ①

多くの人々がいいと思える家

ある建築家が「多くの人が住める家がいい家だ」と語っていたことが心に残っています。つまり特殊な住まい手の、風変わりな家でなく、多くの方が「いい家だな、住んでみたいな」と思える家…永く住み続けられる家というものはそういうものだと教わりました。

それが今でも僕の基本スタンスになっています。しかし、そのような特殊ではない、魅力的な家を提案することは簡単ではありません。そのためには建築としてのベーシックな骨格を持ちつつ、敷地や環境の特色を存分に反映させ、価値観を盛り込み、提案者としてのバランスさせなければなりません。

敷地は2面道路（東南）に面し、南に貯水池のある、遠く山々が望める広がりのある風景。駐車スペースを東側に2台取り、北側から家にアプローチ、南の風景に向かって大きく開くことにしました。

3間×5間のボリュームをベースに設計を詰めていき、1階の玄関が北庭を囲うように張り出し、2階のランドリー部分を持ち出すことでプランが落ち着きました。北に配置した玄関を入ると正面に裏庭が広がり、靴を脱いで上がると南面に通り土間を通して南庭と遠くの林へと視界が抜けていきます。通り土間はゆとりのスペースで、ギャラリー的な使い方ができます。

敷地と周辺環境の特色を最大限に生かし、庭と相まって風景の一部として町に溶け込む設計に

玄関を上がると正面の開口から視線が外に抜けるよう、ウッドデッキが伸びる。階段下の大谷石が、室内にいながら外との境界をあいまいにさせる

廻れる動線って便利で、
楽しくて素晴らしい

視線を遮るものがなく山の稜線を望める敷地を選び、あえて2階リビングとしてこの地ならではの景色を最大限に生かした

家族の距離感は動線と居場所でデザイン

家の中央に設えた階段を上がるとワンルームの2階リビング。階段廻りをぐるりと廻ることができ、キッチンもコンパクトに納めつつ廻れる動線とし、小さな家ながら動き廻れる、便利な動線としました。リビングは14・5畳、その中に2畳のタタミコーナーやライティングデスクを造り付け、薪ストーブを設えました。限られた広さのリビングのあちこちに居場所を設けることが自分らしい設計の形。その居心地の要は開口部。開口部は敷地周辺環境に対応して設けられます。

それがうまくいくと自ずと、よくできた、気持ちのよい、普通の家ができあがります。それを住まい手が設え、暮らしを馴染ませていくことが「多くの人がいいと思える家」につながるのだと思います。

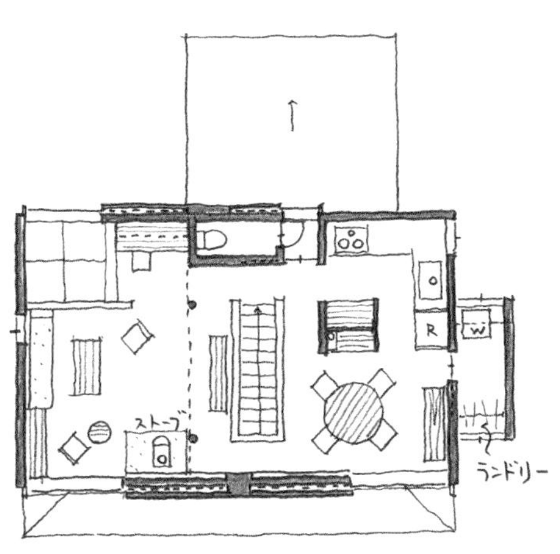

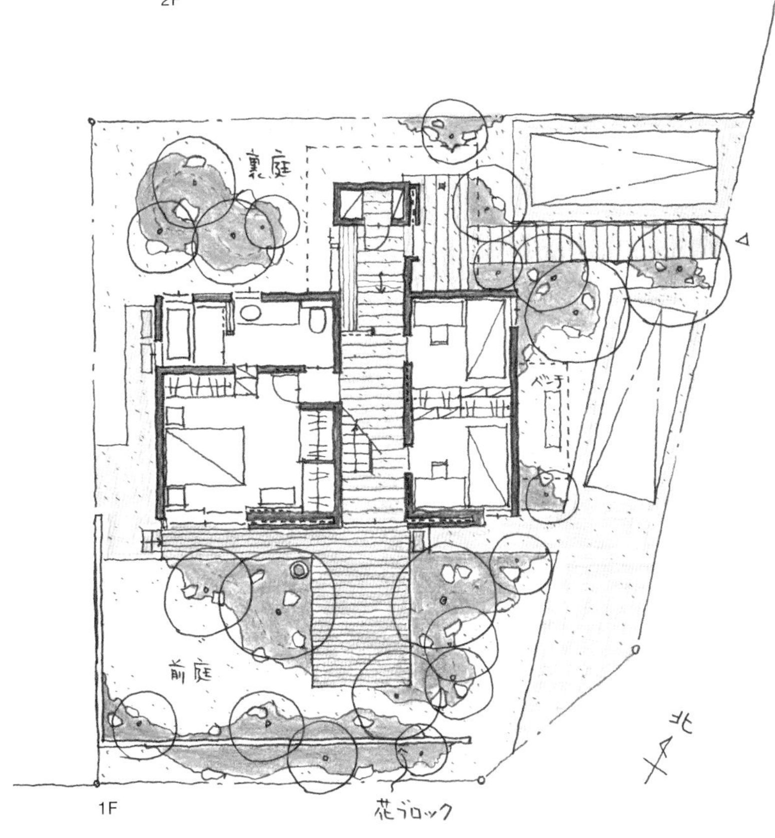

諫早の家

—

所在地	長崎県諫早市
敷地面積	242.17㎡
延床面積	107.41㎡
	1階／54.53㎡
	2階／52.88㎡
構造	木造在来工法
施工	フルマークハウス
造園	荻野寿也景観設計

ポイント

庭も一緒にプランニングする

諫早の家には3つの庭があります。メインの南庭、アプローチガーデン、隣地へのお裾分けも含めて設けられた北庭です。南庭は車道に面しており、道行く人々の自然が気になるところです。

沖縄から花ブロック（装飾ブロック）を取り寄せて、視線を遮り、通風が確保できるようにしました。なぜ、沖縄の花ブロックを？　と思われるかもしれませんね。僕が沖縄の出身であること、花ブロックというのが地域に関係なく、使い出のある魅力的な製品だからです。一言で言うと、とても気に入っているお勧めの素材なのです。

まるで木漏れ日のようにブロックの装飾で分解される光が、外部でありながら、デザインされた楽しい光となります。

造園は荻野寿也さん。荻野さんとは20軒以上、一緒に仕事をしてきましたが、やっと最近、彼の作庭の手がかりが遠くの景色にあることがわかってきました。今回、リビングの開口部からは絵画のような、はっとする景色を創り出してくれたのですが、その秘密は、南に見える林のシルエットや山の稜線に合わせて、木々を斜めに植えていることです。

垂直に木々を植えず、生け花のようにバランスをとりながら角度を付ける…建築を花器と見なし、木々を生ける感覚が素晴らしいと思います。

この家の裏庭（北庭）は単に余った敷地ではありません。この裏庭こそ、諫早の家が、別荘地のように南北に開放的な開口部を設けられる理由なのです。

そしてこの庭はご近所の視線を遮り、プライバシーを守るだけでなく、ご近所にも緑をお裾分けしています。この緑に、ご近所それぞれの緑を加えてもらえれば、相乗効果が出て共有の中庭のようになるのではと期待しています。

花ブロックが視線の先をほどよく遮りながら上の稜線へと誘う

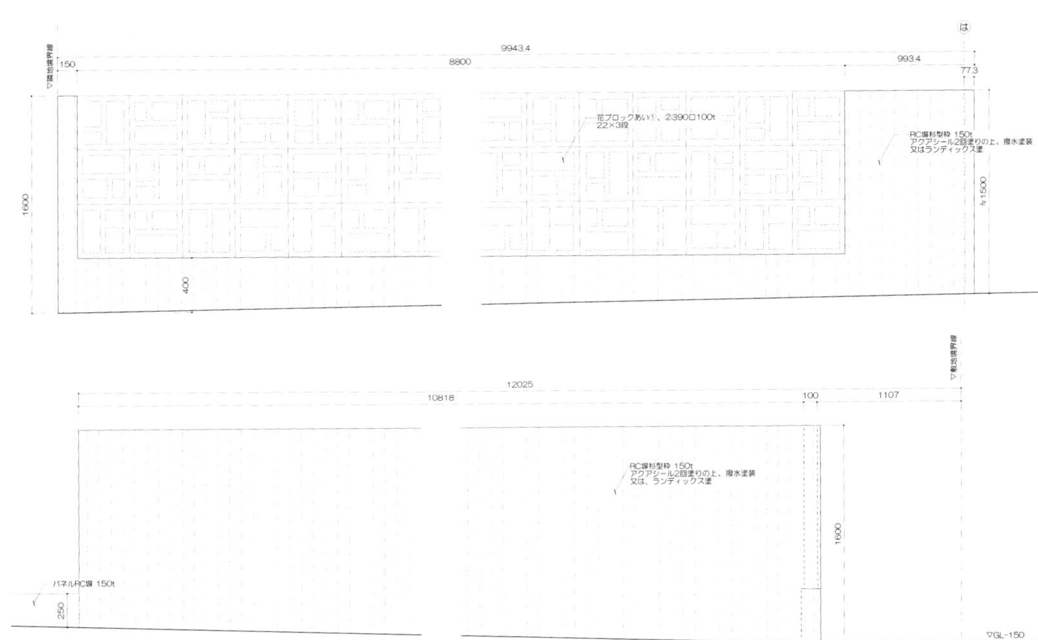

○花ブロック塀立面図

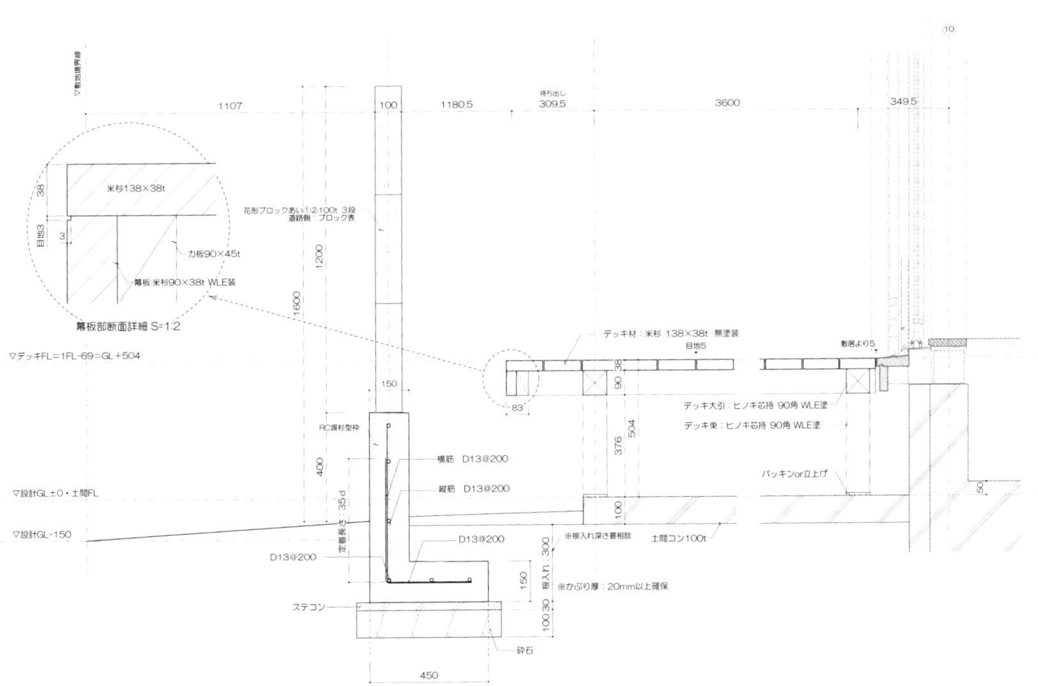

○デッキ・塀断面詳細図

性能

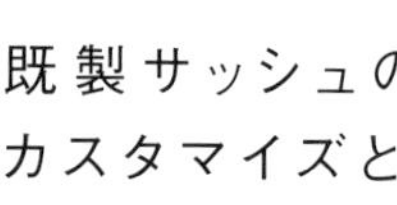

既製サッシュのカスタマイズと「永田格子」

上／時間によって木漏れ日の形や角度が変わっていく楽しみもある
下／玄関を入ると裏庭の緑が迎える。ここにも永田格子を配した

玄関に入ると裏庭が目に入ってきます．ここの開口部は既製のサッシュを組み合わせてコストを抑えているのですが、木製建具風に見せています。諫早の家では高性能アルミ樹脂複合サッシュを使用し、FIX（嵌め殺し）と縦スベリ窓を組み合わせ、内側に木枠を廻して、格子の開き戸を組み込んでいます。格子戸は引き戸にすることもあるし、網付きの格子にすることもあります。網付き格子の場合はサッシュの網戸は無しにします。既製品にひと工夫することで独自の開口部を創り出すことができるのです。

この格子は亡くなられた建築家・永田昌民さんが好んで使用した格子で、ブラインドのような視線を遮る機能を持ちながら日射を制御しつつ、格子から漏れてくる光の効果が楽しい…まるで光が部屋の中に遊びにくる感じがとても好きです。僕はその光の効果を期待して東西面によく使用しています（日射遮へいが甘いので小さく使います）。

永田さんには設計に対する姿勢から具体的な設計の工夫にいたるまで、質問すれば、出し惜しみすること無く細かなことまで教えて頂いたものです。それに敬意を表して勝手に「永田格子」という名前をつけさせて頂きました。寸法は自分流に変えていますが、性能や合理を超えた、建築の魅力を引き継いでいきたいと思います。

◎省エネルギー性能

省エネ地域区分		6地域
C値		0.9㎠/㎡
Q値		1.64W/㎡K
UA値		0.48W/㎡K
ηA値		1.5W/㎡K
断熱仕様	屋根断熱	高性能グラスウール充填120t+外張ネオマフォーム40t
	壁断熱	ネオマフォーム120t
	床・基礎断熱	押し出し法ポリスチレンフォーム保温板（スタイロフォーム）
	窓	木製サッシ、アルミ樹脂複合サッシ
	ガラス	Low-E複層ガラス
	玄関	木製扉
設備仕様	空調	エアコン
	空気循環	全熱交換機
	給湯	エコキュート
	換気	第一種換気
	発電	—

西日が遊びにやってくる

光と庭の移ろいで季節を肌で感じる

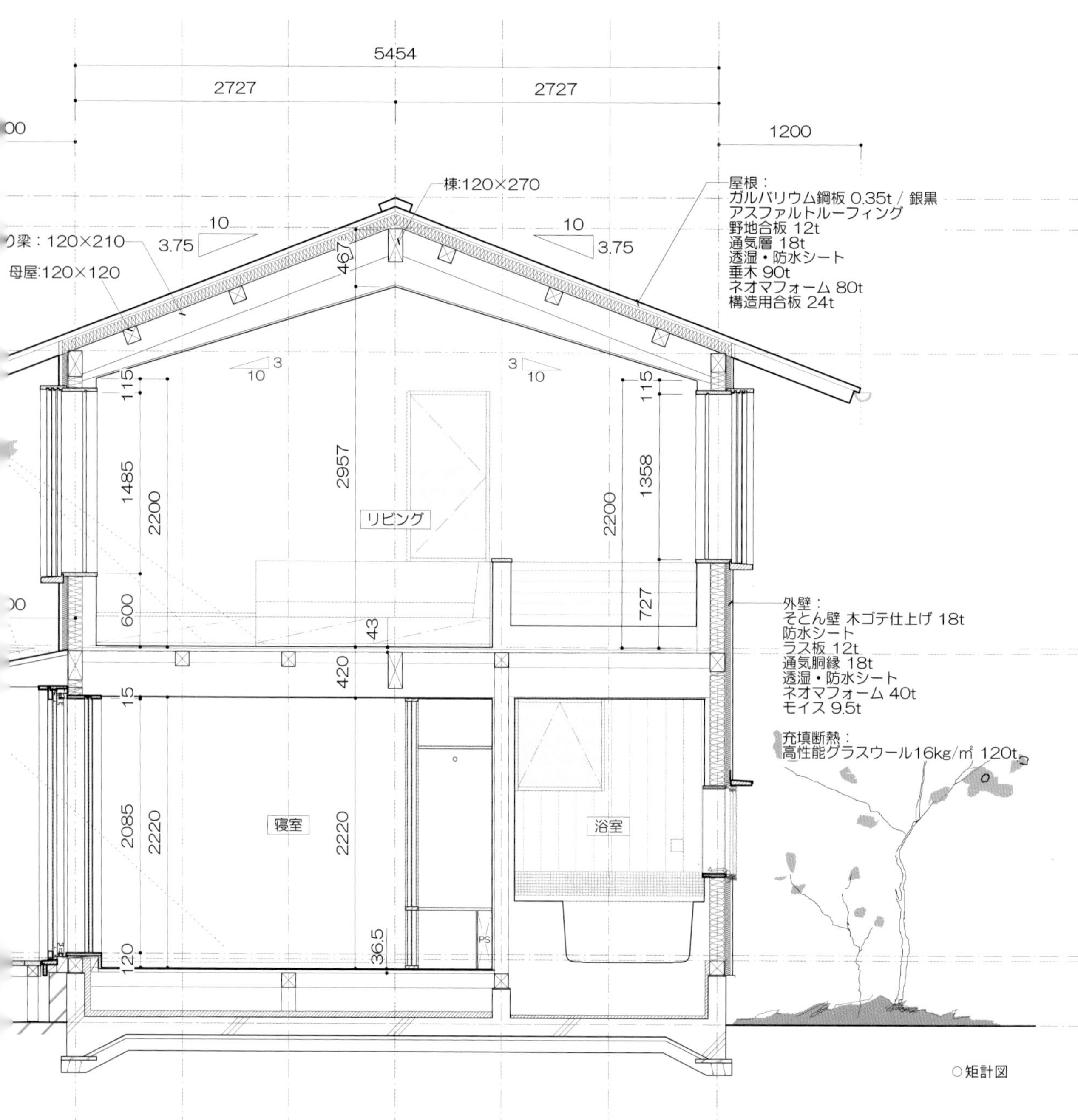
5454
2727
2727
1200
棟:120×270
屋根：
ガルバリウム鋼板 0.35t / 銀黒
アスファルトルーフィング
野地合板 12t
通気層 18t
透湿・防水シート
垂木 90t
ネオマフォーム 80t
構造用合板 24t
母屋:120×120
リビング
寝室
浴室
外壁：
そとん壁 木ゴテ仕上げ 18t
防水シート
ラス板 12t
通気胴縁 18t
透湿・防水シート
ネオマフォーム 40t
モイス 9.5t
充填断熱：
高性能グラスウール16kg/㎥ 120t

○矩計図

右／アプローチから玄関ポーチ、ホールへと敷かれた大谷石がつながりをもたせる
左／席を立たずとも手が届く場所にキャビネットや棚を造作。広すぎず狭すぎない距離感。障子を開けると佇まいは一転し、さわやかで開放的なダイニングになる

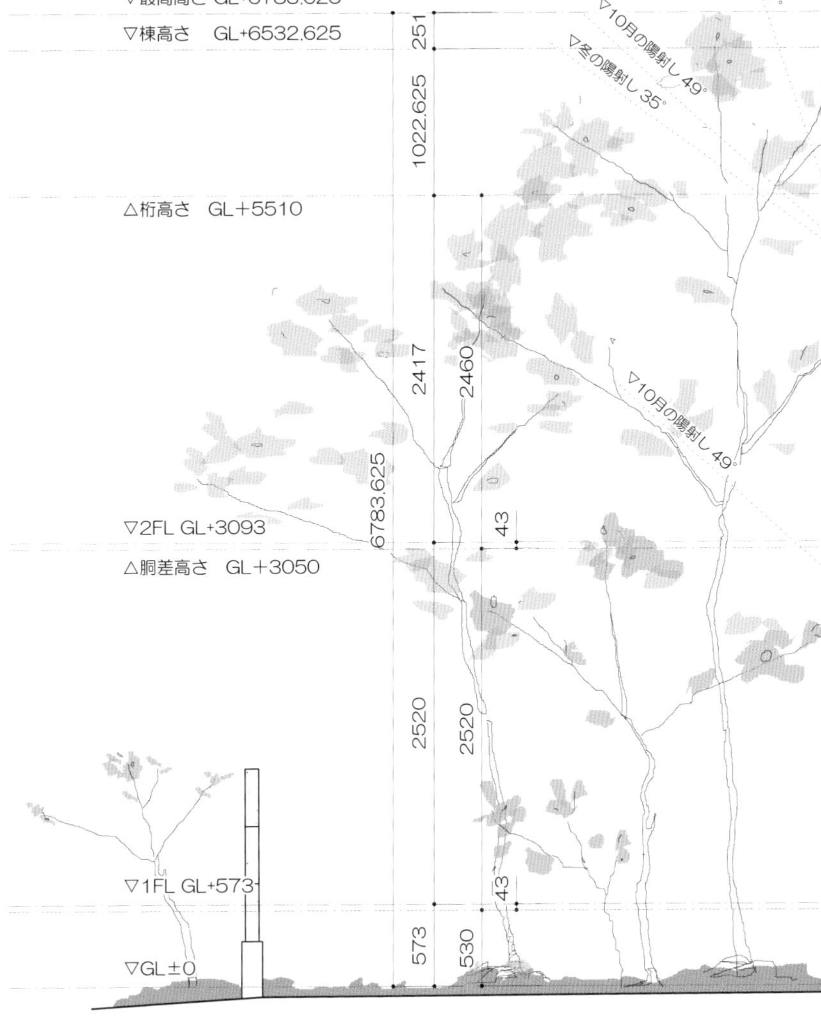

C値	0.9㎠/㎡
Q値	1.64W/㎡K
UA値	0.48W/㎡K
ηA値	1.5W/㎡K

こぼれ話

5

「足るを知る」ことは無理をしないこと

諫早の家では冷暖房を壁掛けエアコン2台のみでチャレンジしています。暖房用は1階の寝室の家具の中に仕込み、床下に吹き出し、冷房用は2階のライティングデスクの吊り棚の中に仕込んであります。

最近はエアコンを使うと最も省エネになるということで、エアコンの台数をいかに減らせるか？　が争われる風潮があります。これがうまくいく時もあれば、いかない時もありなかなか難しい。エアコンの台数は少ないが、温度を均質にするために、数多くの送風機を使用しているケースもあり、それもどうか？　と疑問に思うこともあって、まだまだ試行錯誤中。常に同時使用しないのでなければ、予備的に1台多めに仕込んでおくのも、住まい手のためだと考えるようになりました。住宅の基本性能（断熱と気密）を高め、一時の同時使用であれば予備のエアコン1台を用意するのも悪くないと思います。単純でコンパクトな形の住まいであれば、設備も単純に済むことは間違いありません。

師である奥村昭雄先生から教えて頂いたパッシブデザインの極意とも言うべき言葉が「足るを知る」。最近、頭の中から離れない言葉のひとつです。

ほどほどにしておく、欲張りすぎない、ちょうど良い塩梅と受け取っていますが、「足る」というラインをどこに引くかは難しい。住まい手に負担を負わせず、その上で自分らしいパッシブデザイン(足るを知るデザイン）を模索中です。

6

SHIGA
Takashima

近江高島の家

近江高島の家

風情を引き継ぐ

琵琶湖に面する歴史を感じる寺町…築400年の本堂を持つ勝安寺の境内に建つ小さな住まいです。

古い庫裏(くり)を建て替えつつ、その隣に4人家族の副住職さんの住まいを建てるのですが、限られたスペースであること、本堂の隣で参拝者の視線が気になる場所であること、さらにはお寺の一角というだけでなく、寺町にどう佇むかが設計のポイントとなりました。

敷地周辺には本堂の古い屋根瓦の見事さ、周辺の住宅の瓦の屋根並み、焼き杉の黒壁と漆喰の白壁が創り出す町の風情とも呼ぶべき空気感が漂っていました。

これまで、東京の都心部での仕事が多かったので、瓦の屋根とは縁が遠く、耐震性を考えると金属の屋根を迷わずに選択していました。今回はお寺の歴史を引き継ぎ、町の風情を引き継ぐ上でも瓦の屋根ははずせない。住まいの耐震性能をできる限り高めた上で瓦の屋根を選択しました。伊礼智設計室はじめての瓦屋根の家です。

どの窓からも
瓦屋根が
見えるように…

住まいをひとつの空間としてまとめる

開口部外側には雨戸がわりにガラリ戸を仕込んでいるため、夏の日射遮へいにも有効

近江高島の家 ①

町と寺と住まいを調和

上／伊礼智設計室、初の瓦屋根で風景に溶け込むことを試みる
下／その地の風景を感じながらも周囲と調和する控えめな佇まい

遠くの山々まで視線が抜ける

住まいとはいえ庫裏（くり）ですから、お寺の門をくぐって玄関にアプローチするのが望ましいと判断しました。参拝者と共通のアプローチを利用するので、参拝者の視線からプライバシーを守りやすい2階リビングとしました。2階リビングからは目の前に山門の瓦屋根、境内の庭と本堂の大屋根が広がり、さらに遠く山々を望むことができます。北面は町の屋根並みが望め、どの開口部からも瓦の屋根が見える住まいになればと思いました。

リビングの開口部からは山門の瓦屋根を切り、冬場の日射をたっぷりと取り入れることができるようにL型の片引き込み戸にしました。開口部の建具構成は伊礼智設計室の定番の構成である、外側から木製のガラリ戸、

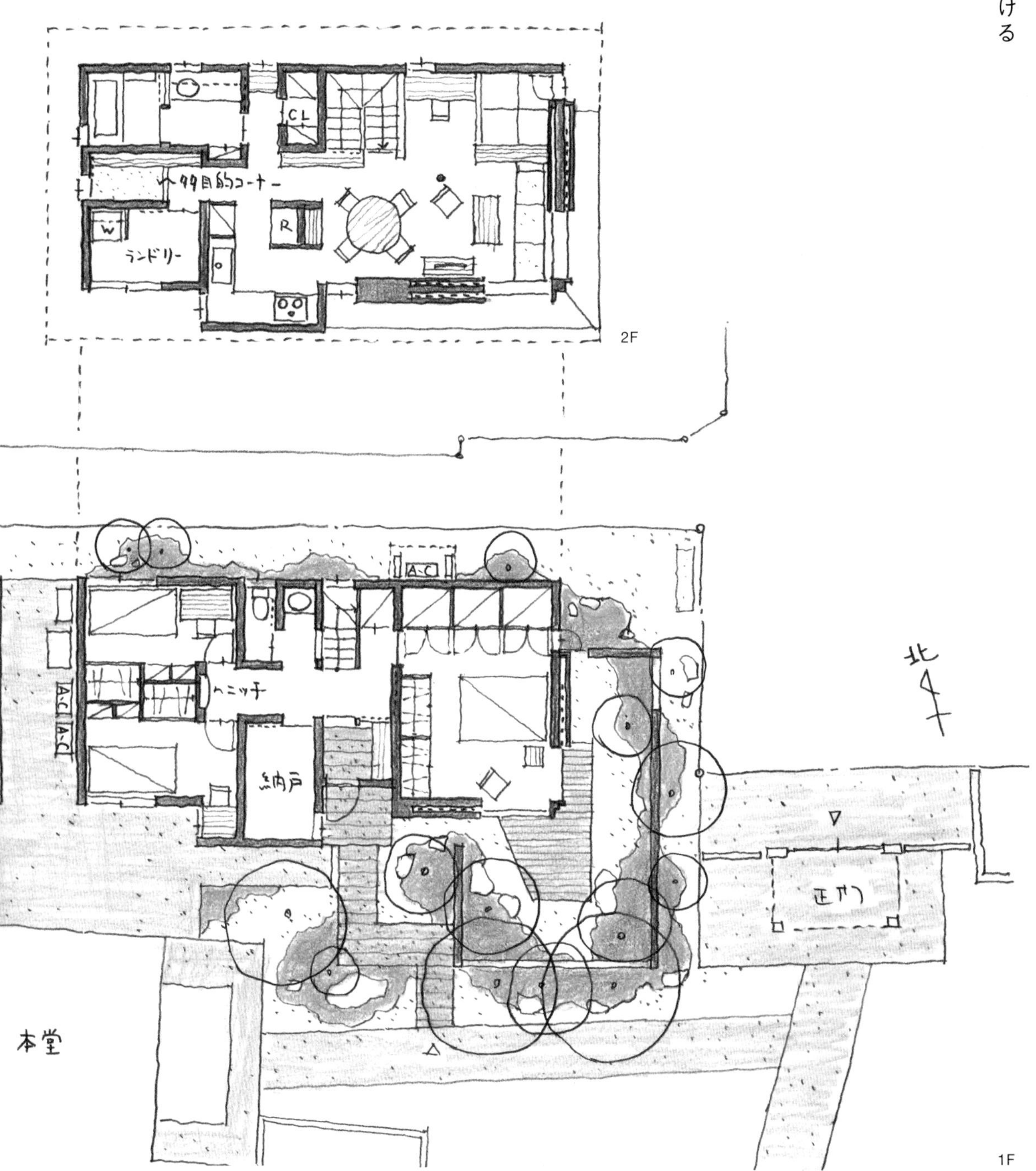

夏場の日射遮へい（ガラス戸の外に付けないと遮へいになりません）と視線の制御、防犯と台風時のガラスの防御に役立ちます。次に網戸、複層ガラス（Low-Eガラス）、内側に和紙障子を仕込んで断熱性能を高めています。小さな窓はＬＩＸＩＬの複合サッシュ・サーモスＸ（これが最近の定番）でトリプルガラスを使用して開口の断熱性能を高めることで、充填断熱のみでＵＡ値0・45W／㎡KとG2レベルまで高めました。これまでの経験からG2レベルまで断熱性能を高めると、エアコンのみで、それもこれまでの常識よりも少ない台数で冷暖房が成立することがわかってきました。ただし、その空気と熱のハンドリングは家族構成によるプランの違いでそれぞれ工夫がいるので簡単ではありませんが…まだまだ、自分らしい「見えない空気と熱のデザイン」を試行錯誤中です。

開口部は外部とつながる唯一の接点でありながら、温熱的には住まいのウイークポイント。開口部のあり方が住み心地を大きく左右します。夏の日射遮へい、冬の日射取得を押さえた設計をすることはもちろんですが、開口部から見える風景が建築の内部に与える影響はとても大きい。

何百年も続く家業を受け継ぎ、これからもその地で根を張り、町を意識しながら暮らしていくのです。そのためにも開口部から山門や本堂、町の瓦屋根の風景が見えることは大事だと感じました。

地方で仕事をしていると、都会にはない素晴らしい風景が当たり前のように存在し、でも、その地の人たちはその良さに関心が薄れているように感じる時があります。建築家の世界では常に新しい形、斬新な空間を生み出すことを要求されます。しかし、地域性を受け継ぎ、周辺に足並みをそろえることも成熟した建築として評価されるべきだと思います。

特にこの住まいでは、開口部から見える風景が距離だけでなく、遠く過去の歴史につながっているように思えました。

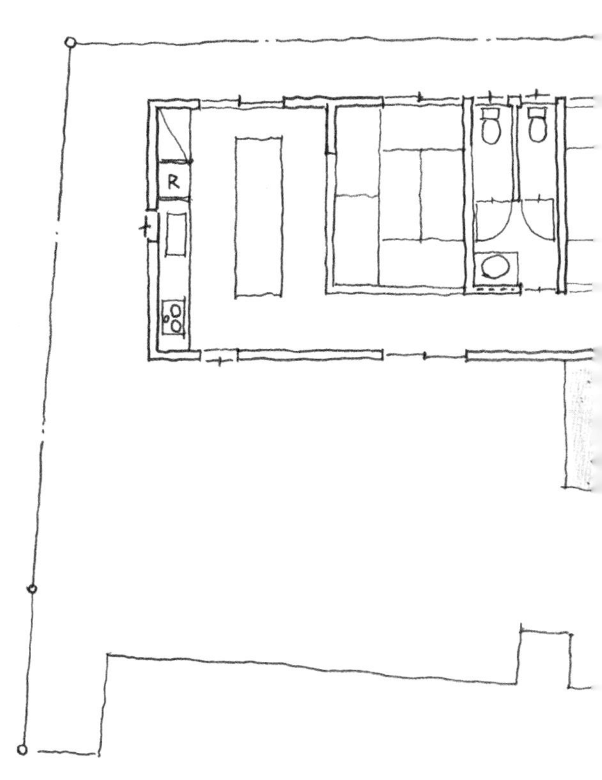

近江高島の家

—

所在地	滋賀県高島市
敷地面積	732.00㎡
延床面積	110.72㎡
	1階／55.36㎡
	2階／55.36㎡
構造	木造在来工法
施工	木の家専門店 谷口工務店

ポイント

バックヤードの楽しい居場所

「建築はバックヤードが大事」というのも僕の大事にしている持論です。

特に住宅の設計では洗濯物はどこへ干すか？　そこまでの動線は？　ゴミ置き場とゴミ出しの動線は？　などとスタッフとともに頭をひねりながら詰めていきます。生活を楽しむための空間と、それを支えるための空間（バックヤード）を等価に設計すべきだと思います。

この家では家事が2階のワンフロアで済むように設計を組み立てました。南西の角に設けられた室内干しができるランドリーと、その隣に廊下を少し広げた小さな小上がりのスペースを創りました。洗濯物を畳んだり、本を読んだりと多義的に使われるといい。廊下の有効活用でもあり、バックヤードとはいえ、楽しい暮らしの場にもなったのではないでしょうか。

住まいの中にLDKのような機能で理解できる部屋だけでなく、どのように使うのだろう？とちょっと不思議な空間があることで家全体が楽しい空気に包まれる…それがマンションや分譲住宅と違うところです。

子どもの頃、押し入れの中に一時の自分の居場所を創ったりしたような、不思議な楽しい遊び心をこのバックヤードに感じてくれたらと願います。

廊下の幅を少し広くして、ランドリー脇に洗濯物を畳んだり、寝転がって本を読んだり、家族と離れていられるような居場所を創る。心地よさは裏方になるスペースにも

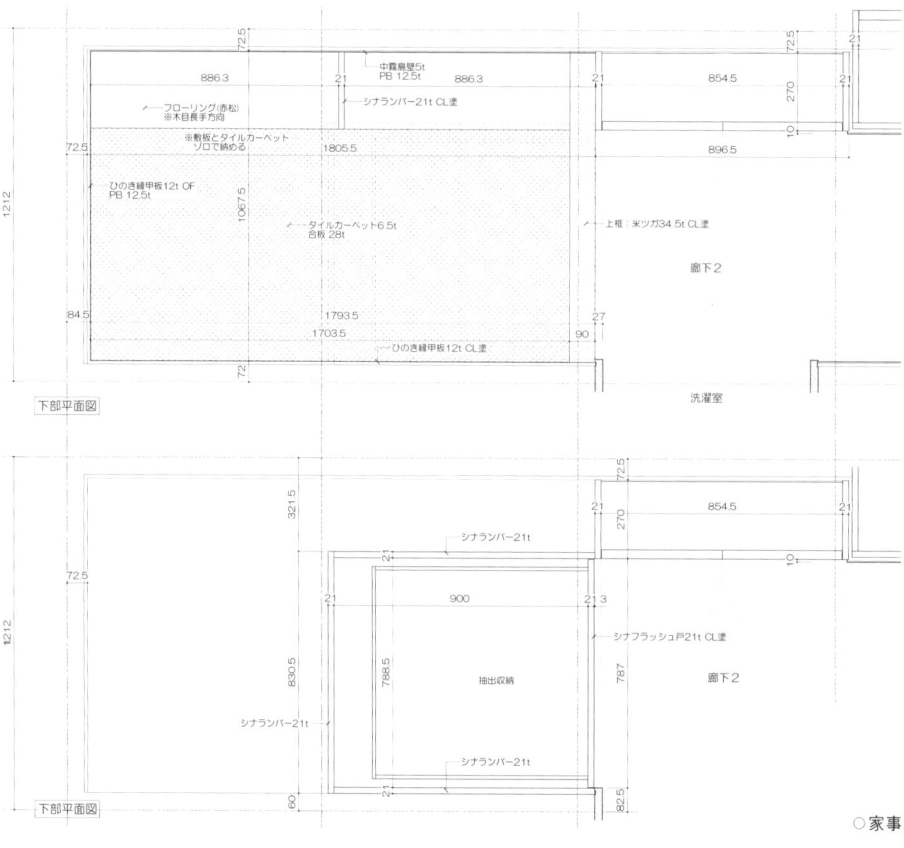

中霧島壁5t
PB 12.5t
シナランバー21t CL塗
フローリング(赤松)
※木目長手方向
※敷板とタイルカーペット
ツロで納める
ひのき縁甲板12t OF
PB 12.5t
タイルカーペット6.5t
合板 28t
上框：米ツガ34.5t CL塗
廊下2
ひのき縁甲板12t CL塗
洗濯室
下部平面図

シナランバー21t
シナフラッシュ戸21t CL塗
抽出収納
廊下2
シナランバー21t
シナランバー21t
下部平面図

○家事スペース詳細図

○家事スペース姿図・断面図

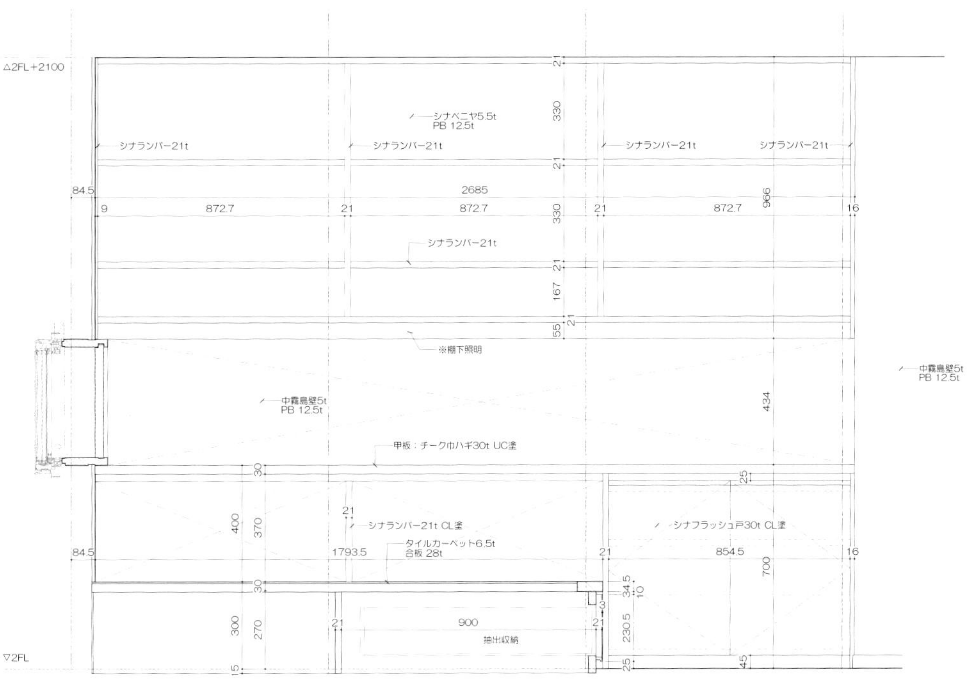

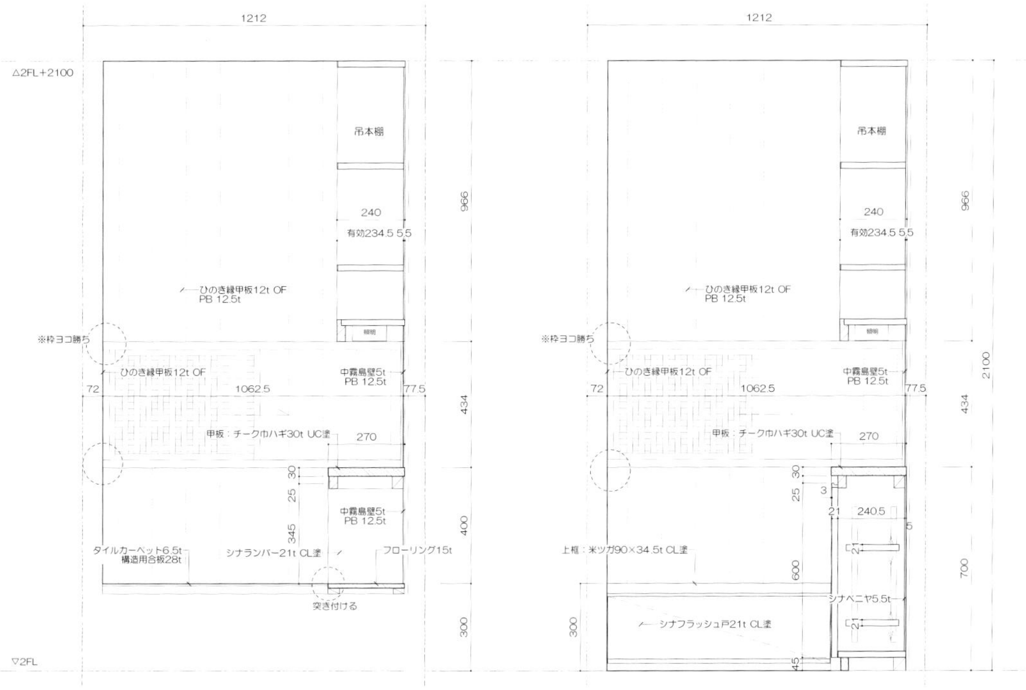

性能

ワンルームの多義的な空間

日本が貧しい時代にはひとつの間（スペース）を食べて、居て、寝て…と多義的に使い廻していました。それが貧しさの象徴と捉えられ「食寝分離」のスローガンのもと、戦後は西洋的なダイニングやリビングに分かれていきます。しかし、食べて、居て、寝てという多義的な行為がひとつの空間の中にあるということが僕にはとても魅力的に思えるのです。

それがこの家のリビングルームに現れていて、ひとつの空間

の中にダイニングがあり、窓際にはソファが造り付けられ、ゆったりとした居場所があり、その横には2畳のタタミコーナー、それがつながり流れるようにライティングコーナー（今の時代はワーキングデスクと呼ぶべきか？）があり、あちこちに居場所ができる…これが僕らしいプランニングだと思っています。

住宅は小さな居場所の集合体と言ってもいいかもしれません。今回はいつもより広めのリビング、天井も高めでゆったりとさせて、壁から天井まで20年以上前に開発に関わった薩摩中霧島壁（シラスの塗壁）で仕上げています。調湿効果があり、消臭機能にすぐれる自然素材100%の製品です。あちこち旅をして、いいなあと思った建築は仕上げの種類が少ない（僕らはそれを手数が少ないと言う）ものが多かった。この住まいのリビングはシンプルな素材に居場所が包まれる、そんな空間を目指しました。

◎省エネルギー性能

省エネ地域区分		5地域
C値		—
Q値		—
UA値		0.45W/㎡K
ηA値		1.2W/㎡K
断熱仕様	屋根断熱	セルロースファイバー 発泡ウレタン180t
	壁断熱	セルロースファイバー 発泡ウレタン180t
	床・基礎断熱	押し出し法ポリスチレンフォーム 保温板（スタイロフォーム）
	窓	木製サッシ、アルミ樹脂複合サッシ
	ガラス	Low-E複層ガラス
	玄関	木製扉
設備仕様	空調	エアコン
	空気循環	—
	給湯	エコキュート
	換気	第三種換気
	発電	—

右／トップライトは電動で開閉、網戸・ブラインド付き、雨センサーもついていて重宝する。空間にも空へ抜けるベクトルを感じさせる
中・上／キッチンは少し奥まっていながらも、廻れる動線で通り抜けができる

窓から歴史を取り込む

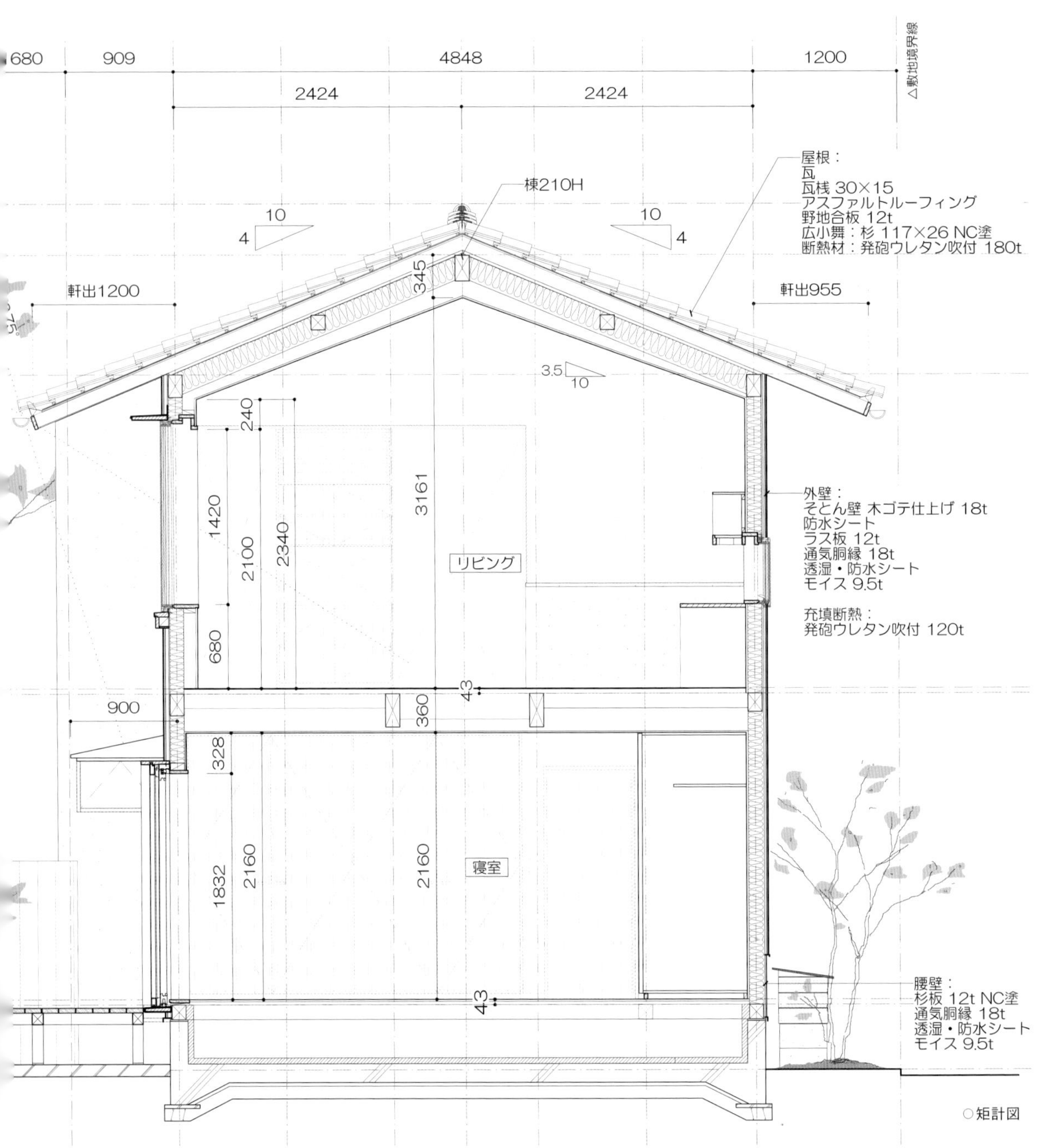

680
909
4848
1200
2424
2424
△敷地境界線
屋根：
瓦
瓦桟 30×15
アスファルトルーフィング
野地合板 12t
広小舞：杉 117×26 NC塗
断熱材：発砲ウレタン吹付 180t
棟210H
10
4
10
4
345
軒出1200
軒出955
3.5
10
240
3161
1420
2100
2340
リビング
680
外壁：
そとん壁 木ゴテ仕上げ 18t
防水シート
ラス板 12t
通気胴縁 18t
透湿・防水シート
モイス 9.5t
充填断熱：
発砲ウレタン吹付 120t
43
900
360
328
1832
2160
2160
寝室
43
腰壁：
杉板 12t NC塗
通気胴縁 18t
透湿・防水シート
モイス 9.5t

○矩計図

通風を確保しながらプライバシーを守る花ブロック

UA値 ………… 0.45W/㎡K
ηA値 ………… 1.2W/㎡K

には花ブロックを用いた。RC独特の硬派な雰囲気が花ブロックでやわらかな印象に

永く
変わらない
風景に
古(いにしえ)を思う

こぼれ話

6

エアコンとの闘い

現在、最も省エネな冷暖房設備はヒートポンプ式エアコンです。断熱性能を高めた住宅ではエアコンの数が少なくて済み、さらに省エネとなり、全館冷暖房を可能とします。この家の冷暖房は壁掛けエアコン3台。理想は、暖房は1階のエアコンのみで、冷房は2階のエアコンのみだと思うのですが、熱と空気はファンで引っ張ってあげないとうまく動いてくれません。真夏の湿度もエアコンだけでは快適さは得られず、除湿器を買い、サーキュレーターと併用して60％程度に維持できたとのことでした。

とは言え、断熱性能を高めたおかげで電気代は思ったほど掛からなかったとのこと。数台ものファンを追加して少ない台数にこだわるよりも、3台のエアコンを通年で駆使する方が現実的で無理がないと思います。

設計者が少ないエアコン台数に惹かれるもうひとつの理由は、室外機の数が減らせるからです。室外機がどれだけ町並みを悪くしているか…いつも頭を悩ませます。無理して目立たないところへ配置しようとすると、配管が長くなり、メンテナンスしにくい。設計の初期の段階で配管のルートまで考えておかないと醜い佇まいとなってしまいます。

それでもどうしても思うように納まらないことが出てきます。今回も1台だけ北側の私道に出てきてしまったので、周辺の佇まいに違和感なく溶け込む室外機の処理にチャレンジしました。周辺のブロック塀や寺町の雰囲気を取り入れた小さな建築となったと思います。室外機でさえ、ひと工夫するだけで建築になり得ることを知り、小さな手応えを感じました。

7

NAGANO
Matsumoto

つむぐいえ

つむぐいえ

高気密・高断熱への初チャレンジ

僕が沖縄生まれであるからなのか？　この家を手掛けるまで寒冷地での仕事の依頼はほとんどありませんでした。かといって住まいの性能や省エネに関して無関心だったわけではなく、ソーラーシステムや自然エネルギーを利用し、環境と調和する建築を実践してきたつもりです。ただし、ソーラーを設計に取り入れるにはその技術を持った工務店でなければ難しいことと、ソーラーに頼りすぎて断熱・気密の知識と実践が疎かになっていたことは確かでした。

つむぐいえは松本の工務店・国興のモデルハウスとして計画されました。国興は地元でいち早く外張り断熱に取り組み、高い性能の住まいを創っていました（真冬、外気温がマイナス10℃にまで下がる地域です）。

当時の僕は高気密・高断熱の家は閉鎖的で、建築としての魅力もなく、できることなら関わりたくないと考えていました。ところが国興は既に取り組んでいること、寒冷地であることから、じわじわとチャレンジ魂がわき上がり、僕の方から、今回は性能もきちんとしたいと伝え、性能と建築の魅力が両立できる住宅を一緒に目指しました。

こうして、つむぐいえのチャレンジが僕の本格的な高気密・高断熱住宅の第一歩となり、試行錯誤の始まりとなりました。

遠くの山々まで
リビングとつなげる

町に開き、風景を取り込む

東にのどかな田園風景、西に広大なアルプスを望むロケーション

2階に上がると、ワンルームの空間。断熱・気密が担保されているから可能となる設計

つむぐいえ ①

開口部は良い景色に素直に向ける

敷地は西から北にアルプスが広がり、東には美しい田園風景が広がるのどかな場所、その風景を取り込むように2階リビングの家とし、西のアルプスに向けて、ガレージの屋上を利用したデッキを設けました。高気密・高断熱の開口部のセオリーは南に大きく開き、東西は小さめの窓で日射を取り込まないこと、当時は耳にしていました。しかし、東西には美しい風景が広がっているのに、性能のため

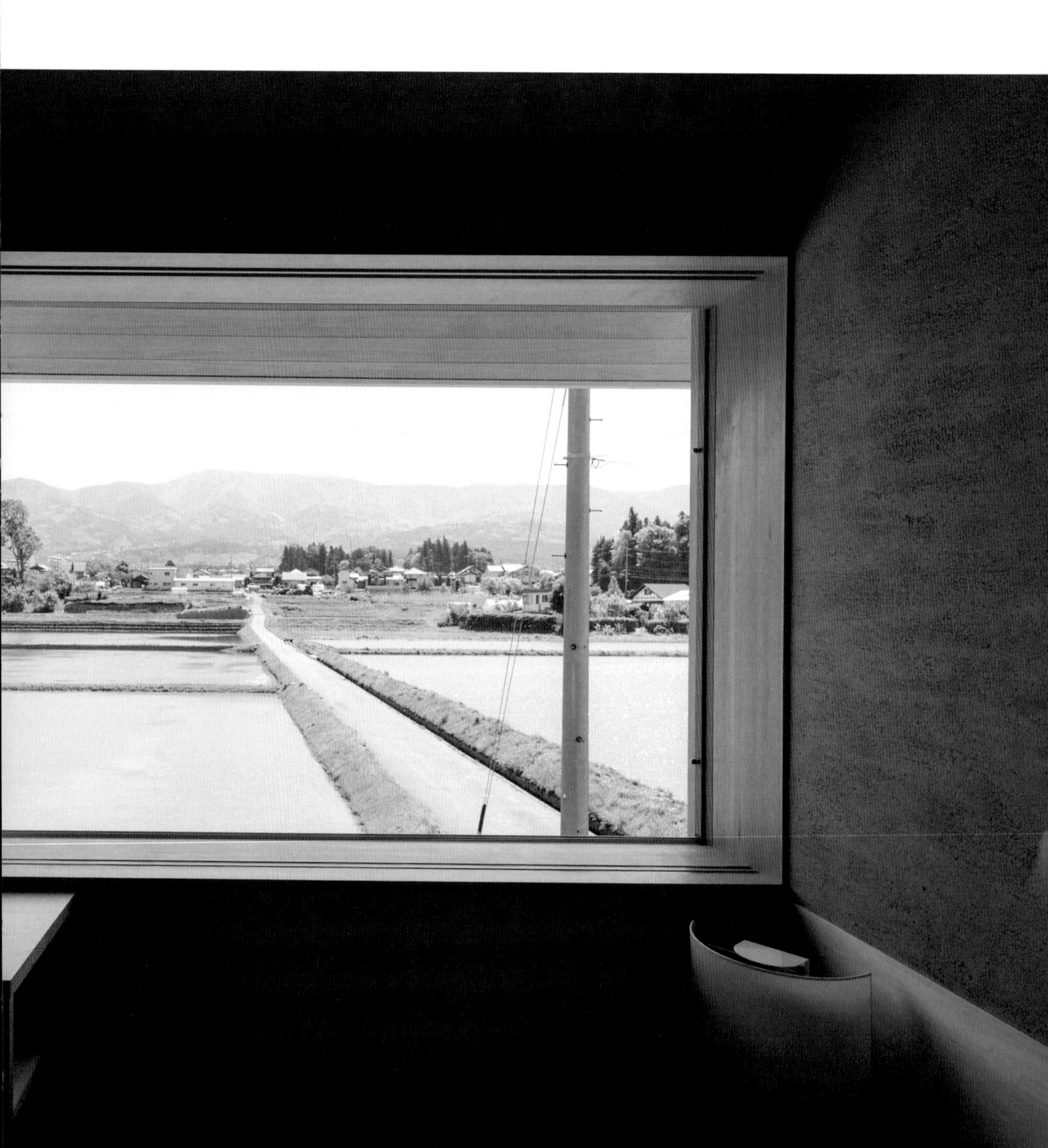

に開口部を絞るのはどうしても納得がいかない。開口部は景色に向けて設けるというのいつもの自分のセオリーを優先し、西のアルプスと東の田園風景に向けて大きな開口部を設けています。

要は夏の「日射遮へい」をきちんとすればいいのではないか？ 冬場は逆にたくさんの日射を取り込めるので敷地に素直に設計すれば良いと思いました。南には道路を隔てて大きな隣家が建っていて、南に大きな開口部を設けることが難しいと感じていました。南面は東南方向に、南の隣家から目をそらすような方向でL字に大きな開口を設け、冬の日射を確保しています。アルプスを望む西側の開口部は夏の日射遮へいが気がかりでした。

造園家の荻野寿也さんがまずは落葉樹の高木を西面に配置し、夏の日射を和らげ、さらに木製ルーバーで西日を防ぐ手立てを施しました。東に面した洗面所も正面に鏡があるのではなく、田園風景を望みながら、必要な時に壁の中から鏡付きの引き戸が出てくる仕掛けとしてい

右／開口部は四季移り変わる田園風景を切り取る額縁にもなる
左／よい景色があれば素直にそこに向かう。必要に応じて鏡を引き出せる仕掛け

つむぐ家

—

所在地	長野県松本市
敷地面積	217.12㎡
延床面積	110.44㎡
	1階／54.53㎡
	2階／55.91㎡
構造	木造在来工法
施工	国興
造園	荻野寿也景観設計

ます。その引き戸は開口部の断熱にも効果があり一石二鳥の仕掛けとなりました。これまで感じていた、高気密・高断熱住宅は壁の内側、サッシュの内側のことしか考えなくなってしまうのでは？　そのような魅力のない建築しかできなくなってしまうのではないか？　という疑念に、性能を確保した上で、自分なりの答えが出せたことは大きな収穫となりました。住まいの周辺にある、その地域の「風景」という宝を素直に大事に思う心を育む高性能住宅でありたい、性能が担保されているからこそ、環境にも意識を巡らせる余裕ができるようになることも学びました。

高気密・高断熱への誤解が少し和らいだように思います。

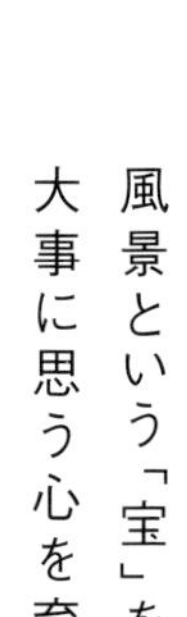

風景という「宝」を
大事に思う心を育む

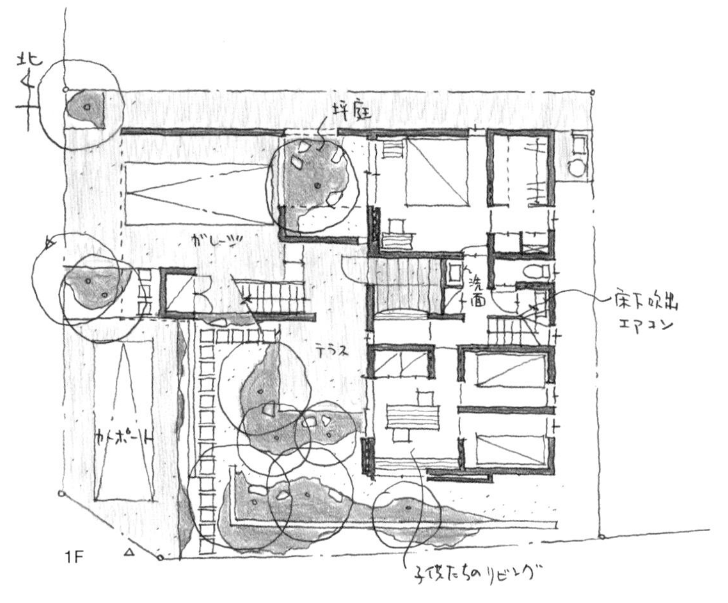

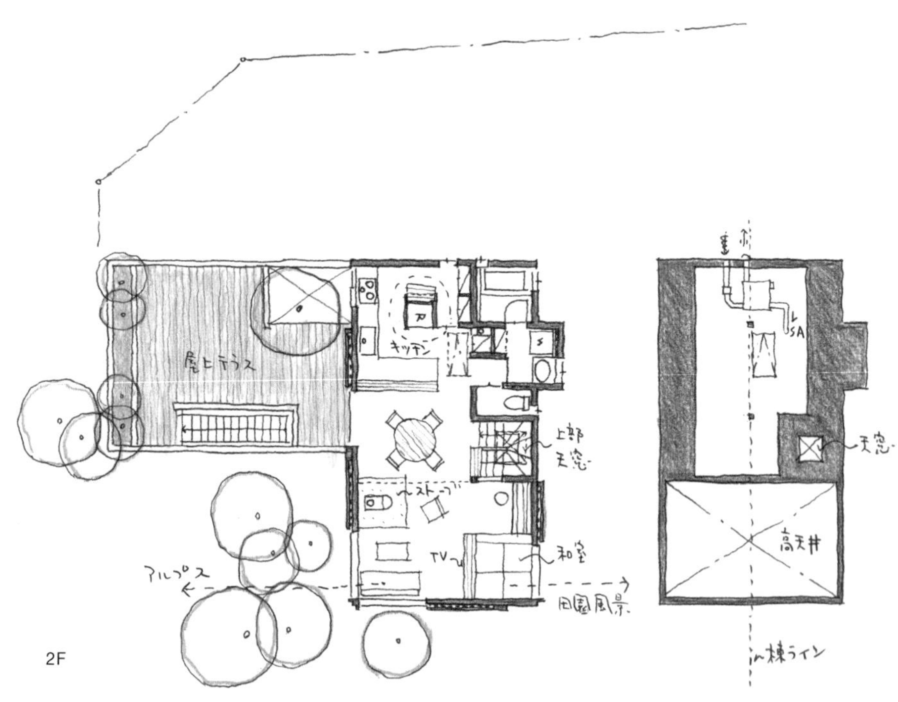

高木が家を小さく見せる植栽計画。手前には塀を配してプライバシーにも配慮した

階段下に仕掛けた床下エアコン
は1階の床下を暖める

ポイント

高性能
だからこそ
可能なエアコン
による床暖房

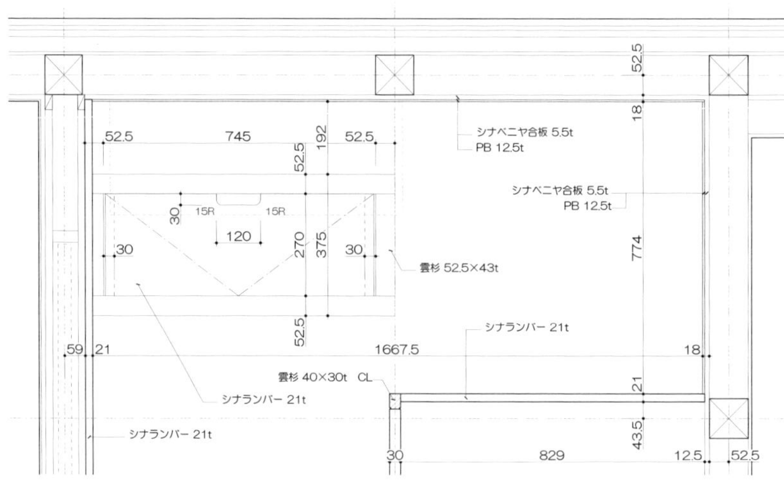

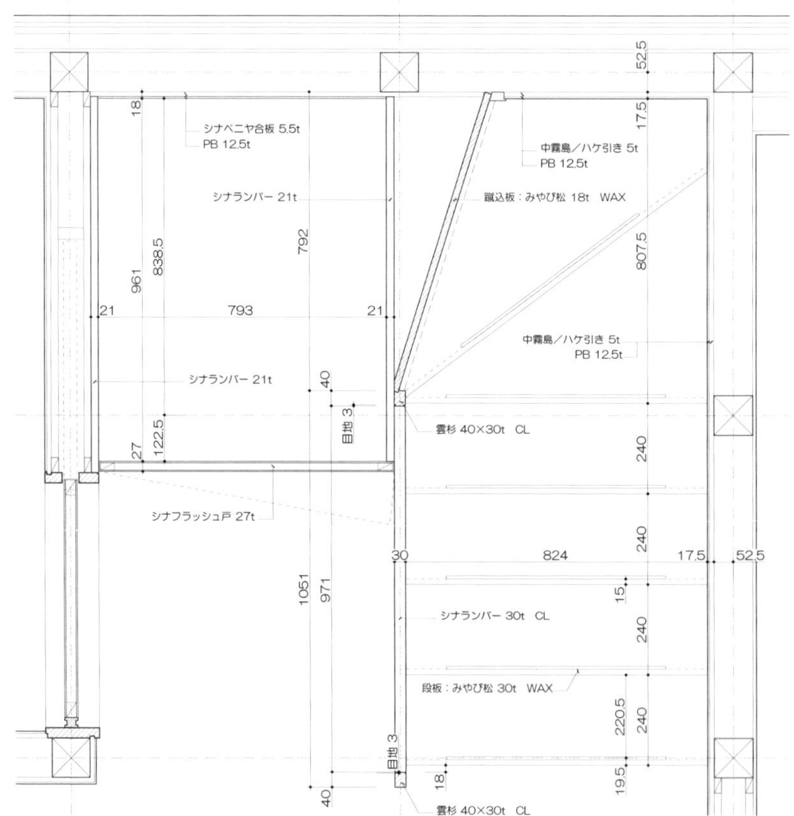

○階段平面詳細図

○階段断面詳細図

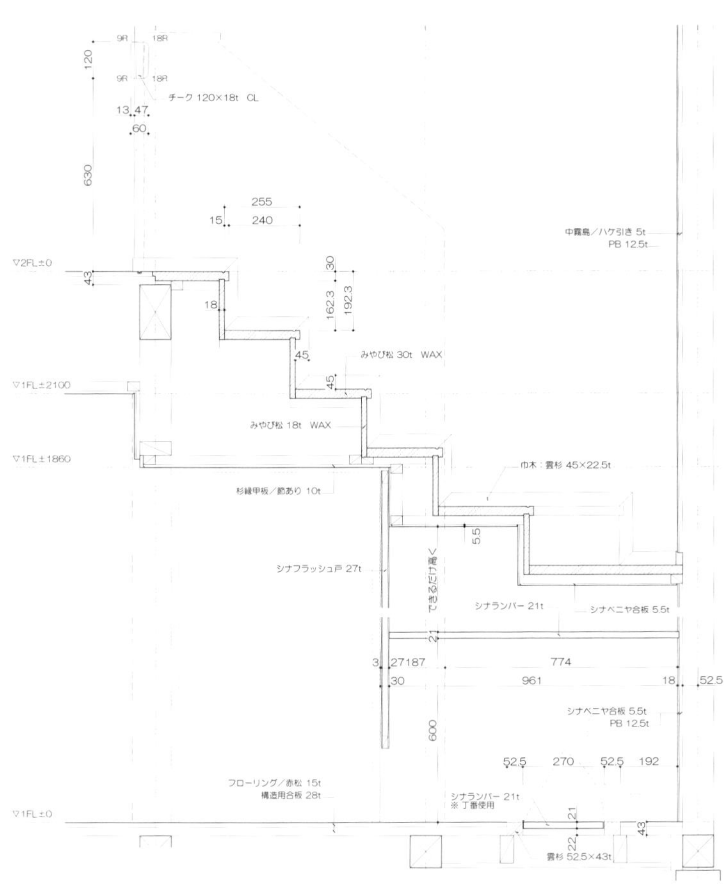

階段を家の中央に配置し、その下に床下エアコンを仕掛ける。暖気の広がりが合理的

今回は住宅の中央に設けた階段の下にエアコンを仕掛け、1階の床下を暖め、階段から2階へ空気を動かします。2階のライティングデスクの下にもエアコンを設け主にこの家の冷房を受け持ち、冬は暖房の補佐役を担います。

床下吹き出しエアコンは1993年、独立前の設計事務所（エーアンドエー）で担当した環境共生住宅「ひまわりの家」（住宅建築1994年1月号掲載）でチャレンジしたことが最初でした。完成した時は夏、冷房も床下に吹き込み、鍾乳洞のような涼やかさが気持ちよかった（今思えば結露が懸念されます）。独立して床下吹き出しエアコン（壁掛け）を多用するようになったのは、2013年の田園調布本町の家から。最初10畳ほどの寝室廻りだけ床暖房できればと気軽にやってみたのですが1階全体をカバーできると確信し、それ以降、予算がない時には壁掛けエアコンを利用した床暖房を試みました。

伊礼式床下吹き出しエアコンの特徴は床下にエアコンを埋め込むのではなくて、床上に設置し、床に設けたフタを開けて、床下に向けて温風を吹き込みます。半分埋め込んでエアコンの廻りを密閉するとより広い範囲に対応し、より確実に効果が出せますが建坪20坪くらいの小さな住まいであれば、埋め込まなくても大丈夫だと判断しています。この方式のメリットは冷房も（フタを閉めて）そのまま室内に吹き出せること。さらに、メンテナンスがやり易い、フィルターの掃除、エアコン本体の清掃もスムーズに行えます。

この方式で時々、効果が物足りないという住まい手がいらっしゃいますが、よくよく聞いてみると、連続運転していない。

付けっぱなしでないと立ち上がりが遅くなり、不満につながるので、できれば連続運転をお勧めします。さらに、オプションの外付けのリモコン（三菱・霧ヶ峰だとMEリモコンを使用すると良い）タイプにするとショートサーキットによる運転の不具合を防げます。エアコンメーカーはエアコンの床下使用を認めていないので、その点でも伊礼式エアコンは普通の壁掛けエアコンの高さが低いだけで問題ないと考えています。

◎寒冷地では三菱のズバ暖を使うといい。霜取り運転をしながら暖房ができるだけでなく、ハイパワーで暖房の立ち上がりが速い

ワンルームのリビングの脇の2畳半の和室が個室のような居場所になる

性能

性能の先の心地よさ

木製建具でフルオープンできる開口部が4箇所もある今回の設計はどの程度の性能になったのか？　断熱性能を表すQ値は1.24W/㎡K、気密は0.4㎠/㎡で、当時の僕としてはかなり良い結果を得ることができました。

現在は4人家族が住んでいますが、エアコンを増設することなく、各階1台、計2台で今でも暮らしています。換気は第一種で、三菱のロスナイを使用、熱交換後の新鮮空気を1階の床下に送り込み、床下でダクトを横引き、階段下のエアコンの前で開放しています。

そうすることで、暖房時に床下吹き出しエアコンが熱交換した新鮮空気を押して、床を暖めながら各部屋の床下吹き出し口に届けられます。

新鮮空気と暖かい空気がケンカせずに仲良く各部屋まで運ばれてくるのです。それが住まいの中央に設けられた階段から2階のリビングに上がり、2階キッチンの冷蔵庫置き場の天井に設けられたリターン口から回収されるという動き。単に既製の設備に頼るだけでなく、それらを組み合わせ、階段を利用することで、「見えない空気と熱」のデザインが成立するのです。

◎省エネルギー性能

省エネ地域区分		3地域
C値		0.42㎠/㎡
Q値		1.24W/㎡K
UA値		—
ηA値		—
断熱仕様	屋根断熱	イーストボード40t（垂木間）＋ウッドファイバー60t
	壁断熱	イーストボード40t＋ウッドファイバー100t（柱間）
	床・基礎断熱	スタイロフォーム 基礎立ち上がり50㎜、土間25㎜
	窓	木製サッシ、樹脂サッシ
	ガラス	Low-E複層ガラス・ペアガラス
	玄関	木製扉（造作）
設備仕様	空調	エアコン
	空気循環	ロスナイ
	給湯	ガス
	換気	第一種換気
	発電	—

西に広がるアルプスを楽しみ、ガレージのデッキにつながる開口部。西日の日射遮蔽が快適さを左右する

ガレージは町と家の「次の間」のようなところ たくさんの楽しい可能性が潜む

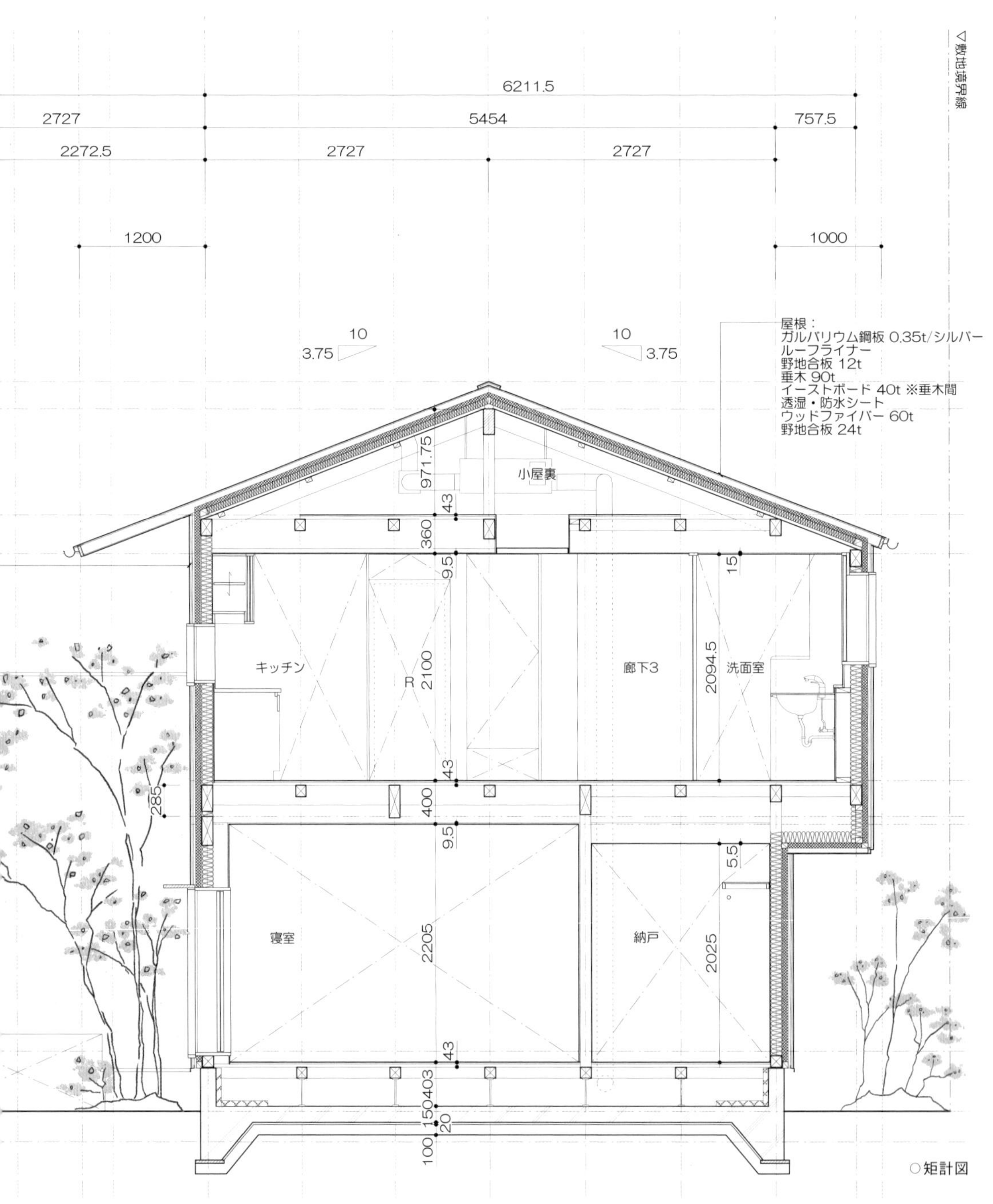

○矩計図

右／ガレージから直接、屋上のデッキへとアプローチできる。階段を上りきると目の前にアルプスが広がる
左／ガレージ上部はデッキバルコニー。開放された空間でありながらプライバシーを気にせず過ごせる居場所

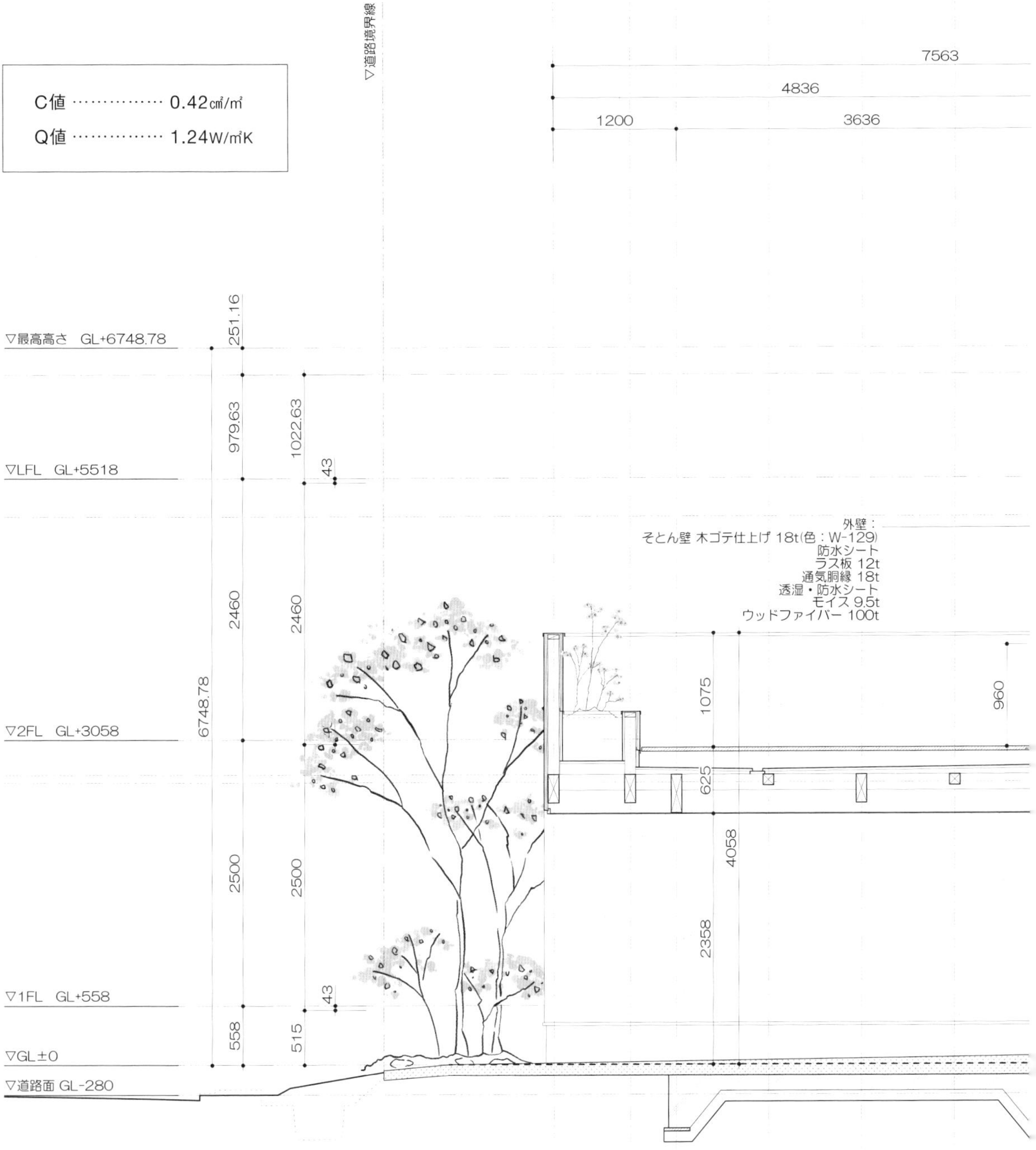

C値 …………… 0.42㎠/㎡
Q値 …………… 1.24W/㎡K

▽道路境界線

7563
4836
1200　3636

▽最高高さ　GL+6748.78
▽LFL　GL+5518
▽2FL　GL+3058
▽1FL　GL+558
▽GL±0
▽道路面 GL-280

251.16
979.63
1022.63
43
2460
2460
6748.78
2500
2500
43
558
515

外壁：
そとん壁 木ゴテ仕上げ 18t(色：W-129)
防水シート
ラス板 12t
通気胴縁 18t
透湿・防水シート
モイス 9.5t
ウッドファイバー 100t

1075
960
625
4058
2358

こぼれ話

7

未来の住まい手と共に創り上げる

つむぐいえはモデルハウスとして計画されました。国興のこれからの家づくりの理想を盛り込み、社運を懸け、並々ならぬ意気込みで取り組んだのです。ところが、設計もまとまりかけた頃、この土地を家ごと買いたいという方が出てきたのです。その方はなんと、南に立ちはだかっていた家のご主人。長男一家の住まいとしたいとのこと。スープが冷めないちょうど良い距離感だと思ったに違いありません。

工務店としては後々売却する予定だったので、買い手があらわれたのはうれしかったことでしょう。しかし、今回ばかりは住まい手の要望を取り入れ、設計を手直しして創る訳にはいかない仕事…自分たちの価値観を見える化し、体感して頂こうというプロジェクトなのです。国興の田中社長は悩んだあげく、設計をいっさい変えず、数年後にそのまま買って頂けるならお譲りするという交渉に出ました。模型と図面を抱え、コンセプトから一所懸命説明したことでしょう。その甲斐あって、何一つ変更することなく設計は進められました。田中社長にとっては既に買い手が決まっているという予算面での安心感は大きかったと思います。モデルハウスの地鎮祭はなんと、未来の住まい手もご一緒に行ったのです(笑)。

モデルハウスなのに住まい手の顔が見える、しかし、要望はいっさい頂いていない…でも、つくり手である我々はずっと住まい手を意識することで、常に良いものを創ろうという「良い意思」(つくり手のエゴに溺れない) を維持できたのではないだろうか?と思います。

8

NIIGATA
Tokamachi

魚沼の家

魚沼の家

雪国の暮らしと向き合う

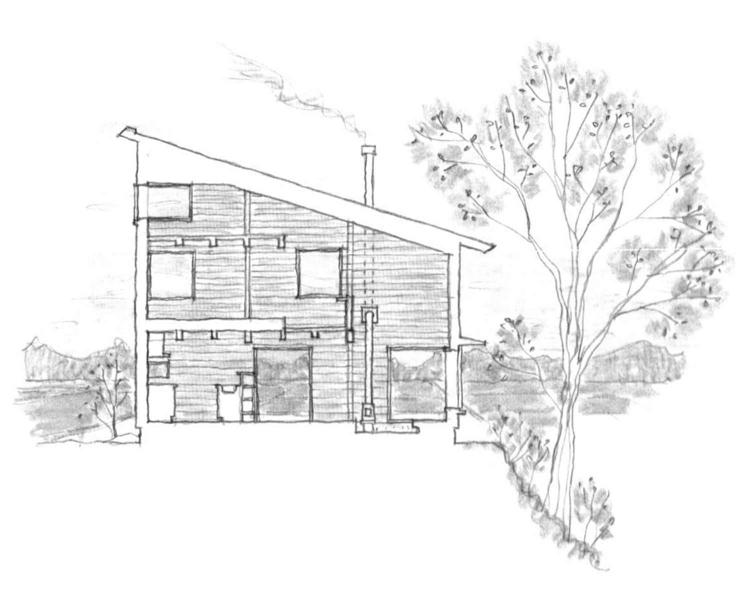

はじめて十日町を訪れたとき、宿泊した旅館に飾られていた古い町並みの写真が強く印象に残っています。家々がすっぽり雪に埋もれて、2階から人々が出入りしている模様、この写真1枚で日本有数の豪雪地帯だということが理解できました。

ひと冬の累積の積雪が15メートルに達することもあるこの地は、日々雪下ろしとの闘いとなります。住まい手は地元の工務店の若き社長ご一家。職業柄、雪かきは小さなブルドーザーを利用している。そんな壮絶な冬の暮らしを沖縄生まれの僕がどこまで理解でき、設計に生かせるだろうか？ そんなことを思いながら家づくりに取り組むことに…。

雪の重さ、雪かきの軽減、断熱性能の圧倒的な向上（これまでの設計に比べて）、さらに要望によるZEH（ゼロエネルギー住宅）、高いハードルがいくつも用意された仕事でしたが、心安らかにさせてくれたのは東南に広がる美しい田園風景。まるで絵画のようなこの風景こそがこの家の宝だと思いました。

また、真南には大きなケヤキの木があり、真夏には葉を茂らせて大きな日陰をつくり、冬には葉を落として日射をたっぷり浴びさせてくれる頼りになる用心棒のように思えました。

季節によって様々な絵画のように
移ろいでゆく窓ぎわ

東南に広がる美しい田園風景、
その中でもより美しい風景を切
り取るように開口部を定める

雪国こそ外部空間を楽しみたい

四季折々の変化を肌で感じられるデッキをフル活用。冬でもここにソファを出してアウトドアを楽しむ

魚沼の家 ①

ひとつの所作で複数の効果

4畳半のグリッドで構成される空間。それらが、ダイニングとなり、ストーブコーナーとなる。空間の骨格が明快に構成されている

住まい手の藤田さんご一家はアウトドアをこよなく愛する家族。田園風景が広がる風景に向けて大きなデッキ空間を要望されました。雪国で暮らす方は外部空間に関心がないのでは？と考えていたのですが、むしろ切望されていたようなのです。

この家ではひとつの所作が複数の効果が現れるように設計を組み立てました。まず、耐雪荷重対策として4畳半のグリッドで柱を立て、積雪2メートルで構造計算をして頂きました。1間半（約2700ミリ）の感覚で立てた柱で雪の荷重に対しながら、4畳半の空間が空間のリズムを創り出しています。雪下ろしを軽減するために南西側の崖地に向けて片流れの屋根を設け、屋根材が太陽光パネルを兼ねる

左／ストーブコーナーから吹き抜けを見上げる。この吹き抜けが見えない空気と熱のデザインを支えている
右／2階の将来の子供部屋。大きくなったら仕切り方を考える

エコテクノルーフで屋根を仕上げ（一石二鳥）、雪を滑り落とそうと考えました。佇まいを和らげるために屋根勾配を急にせず、緩い勾配でも太陽光パネルで滑り落ちることを期待していました。

外壁は地元魚沼の杉で仕上げ、室内も、やんちゃ盛りの子どもたちが暴れ回っても大丈夫なように杉板で包みました。2階の床も水平面剛性を出すためにJパネルで床を固め、かつ、それをそのまま床材としました。暖房は薪ストーブ1台のみ、冷房はロフトに仕掛けた壁掛けエアコン1台のみ、高い断熱性能を持つベーシックな空間と簡素な設備で雪の厳しさに負けず、雪を楽しむ住まいとなったのでは？ と思います。ここでは第一種熱交換換気を行っていますが、熱交換した新鮮空気を、ロフトから吹き抜けを利用して落とし、床下で回収してロフトに上げています。夏は冷房された空気を1階まで導き、冬は薪ストーブの暖気を床下に引っぱり、床面の底冷えを和らげます。

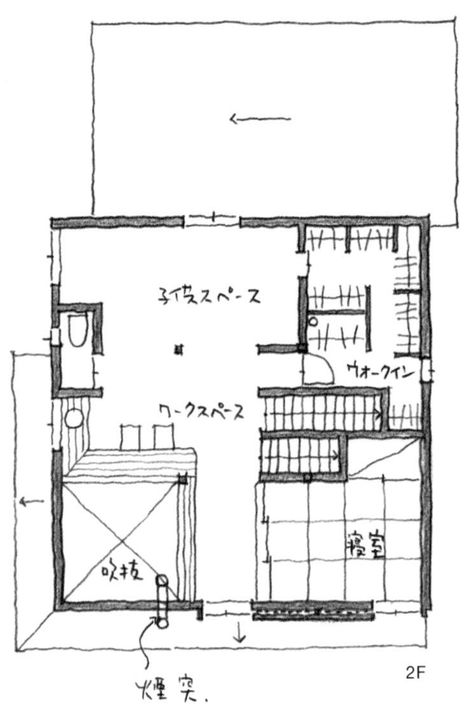

2F

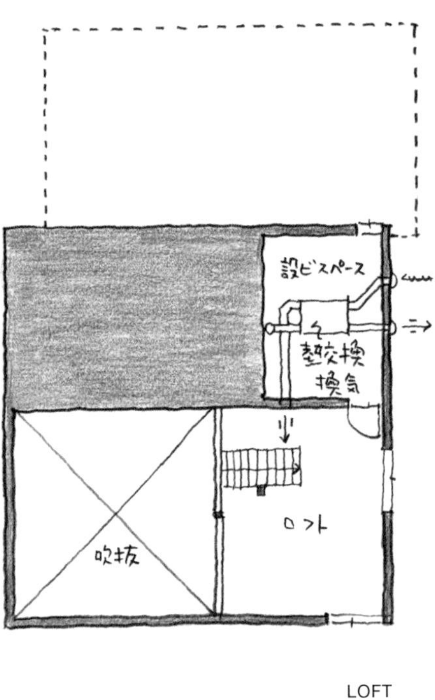

LOFT

家族が心地よく
暮らしを育む

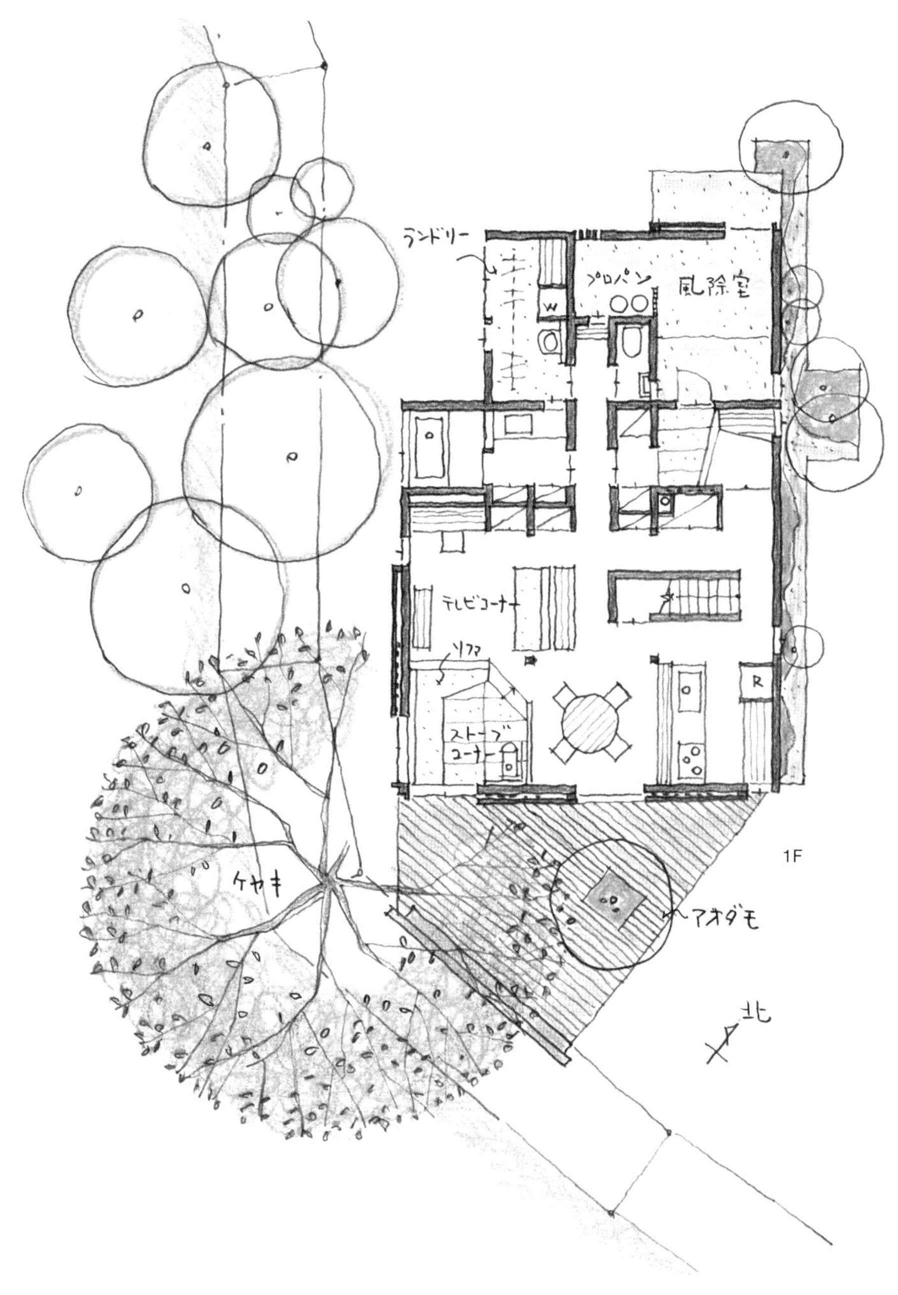

魚沼の家

—

所在地　新潟県十日町市
敷地面積　761.25㎡
延床面積　136.34㎡
1階／76.85㎡
2階／59.49㎡
構造　木造在来工法
施工　フラワーホーム

ポイント

冬でも窓際が気持ちいい

○ストーブコーナー・造り付けソファ詳細図

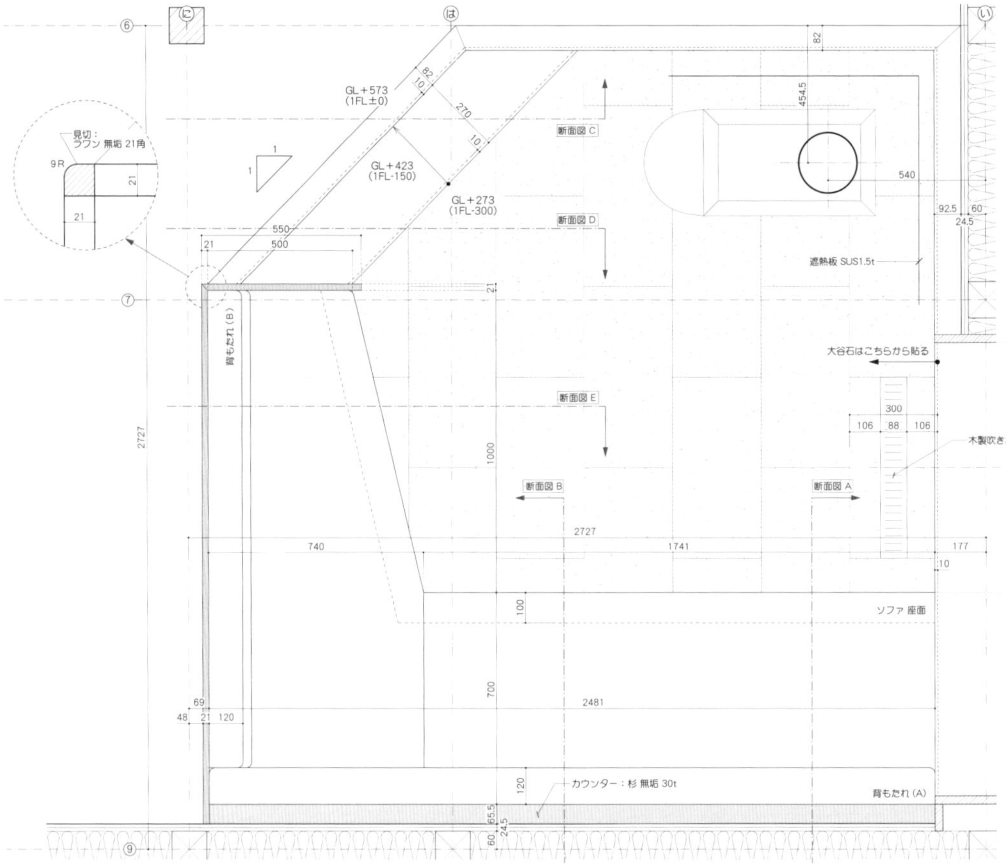

⑥
⑦
⑨
に
は
い
見切：
ラワン 無垢 21角
9R
21
GL＋573
(1FL±0)
GL＋423
(1FL-150)
GL＋273
(1FL-300)
82
10
270
10
550
500
断面図 C
断面図 D
断面図 E
断面図 B
断面図 A
454.5
540
92.5
60
24.5
遮熱板 SUS1.5t
大谷石はこちらから貼る
300
106
88
106
木製吹き出し口
413.5
413.5
背もたれ (B)
2727
1000
2727
740
1741
177
10
100
ソファ 座面
700
2481
69
48
120
カウンター：杉 無垢 30t
背もたれ (A)
65.5
24.5
60

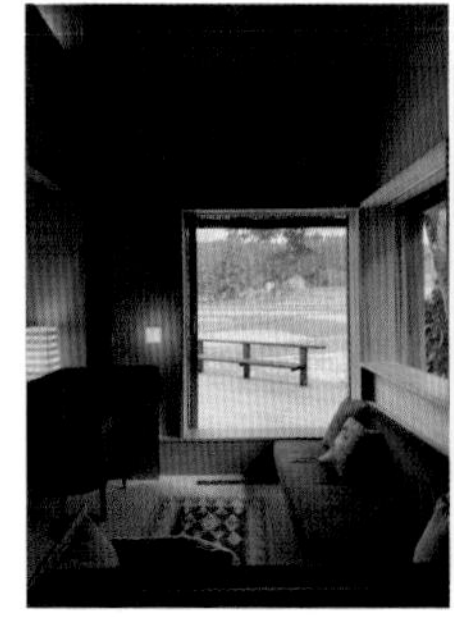

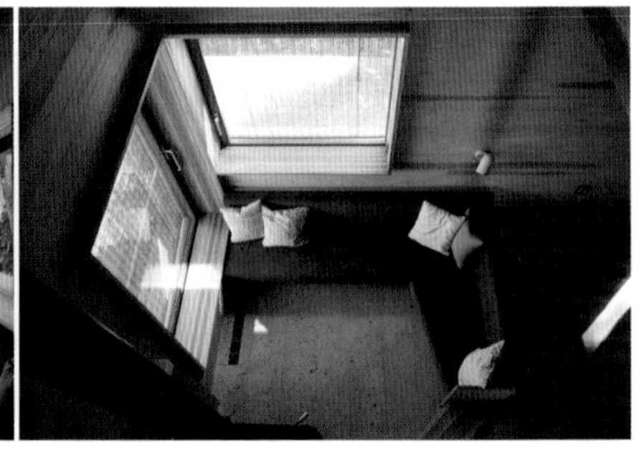

ソファの配置は意外と難しいものです。よく、テレビを見るためにテレビと正対したソファを見かけますが、あまり関心しません。

僕もテレビ好きなので、テレビに向かうソファは理解できますが、できれば外の景色、庭も

○ソファ下の抽出部分平面詳細図

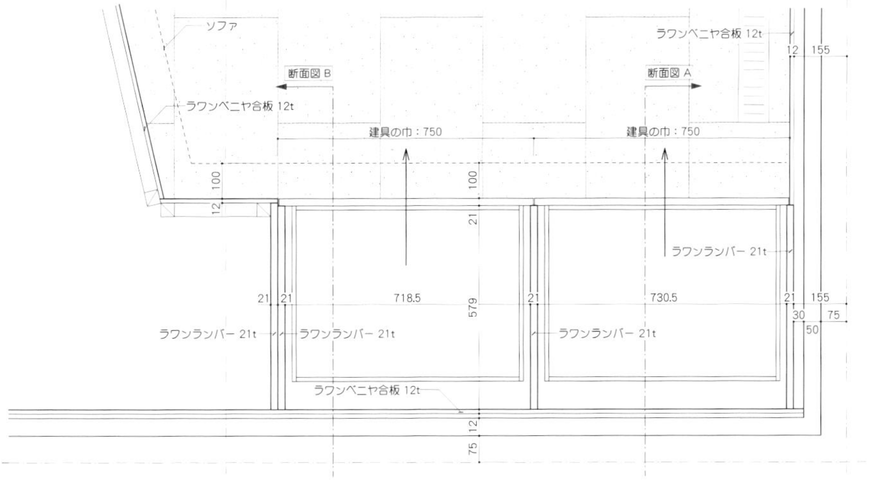

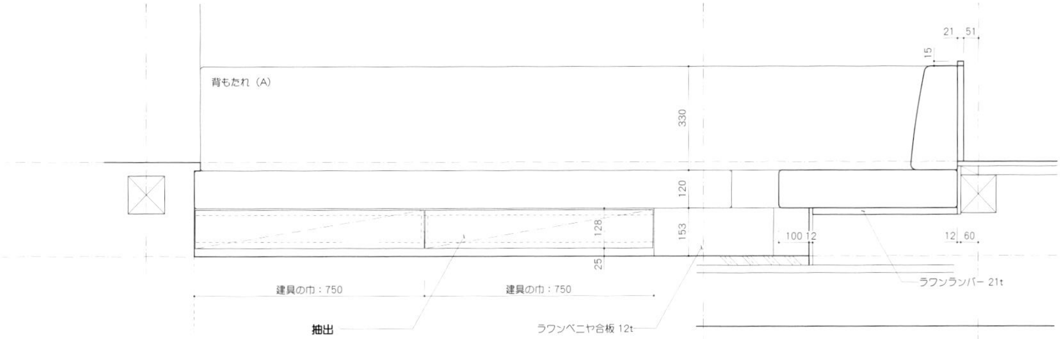

○ソファ断面詳細図

抽出
- 建具：ラワンフラッシュ 21t UC
- 側板：ラワンランバー 21t
- 底板：ラワンベニヤ12t
- 内部(箱)：ラワンベニヤ12t、底は5.5tで作成
- 戸当：ラワン無垢 65×30t

※完全スライドレール使用

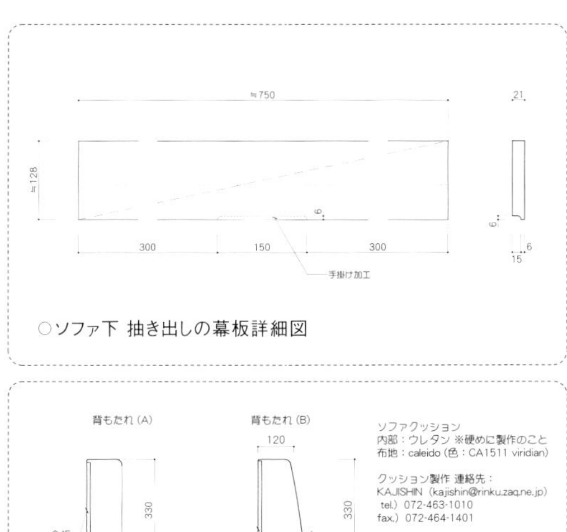

○ソファ下 抽き出しの幕板詳細図

ソファクッション
内部：ウレタン ※硬めに製作のこと
布地：caleido（色：CA1511 viridian）

クッション製作 連絡先：
KAJISHIN（kajishin@rinku.zaq.ne.jp）
tel.）072-463-1010
fax.）072-464-1401

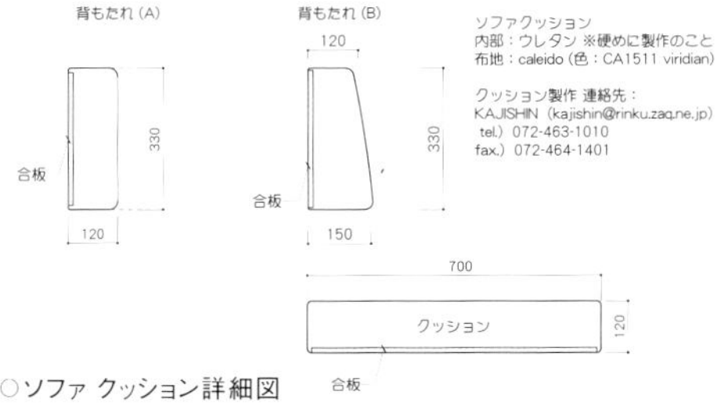

○ソファ クッション詳細図

同時に楽しめるような配置にしたい。また、その時にソファの位置は部屋の奥にあり、壁を背負って庭に向かうタイプと窓際に斜めに庭への視線が抜けるタイプを使い分けます。あるいは両方用意し、明るいソファ廻りとしっとり落ち着いた奥のソファをその日の体調や気持ちで使い分けられるように提案することもあります。今回はL型の南の開口部近傍にL型の造り付けのソファを設えました。薪ストーブを囲むようにリビングから1段下げ、床は大谷石敷きとし、ストーブの熱を蓄熱して火を消してもやわらかな暖かさが残るようにしました。

大谷石の床に取り付けられたガラリは熱交換換気の吸い込み口。吹き抜け上部から熱交換を終えた新鮮空気が降ってきて、床下から回収され、床下空間が室内と同じ熱環境に近づきます。

性能

プランも含めた熱環境の工夫

この家は充填断熱に加えて、外張り断熱を施し、断熱性能を高めています。外皮平均熱貫流率UA値＝0・28W／㎡K、1次エネルギー消費量は79・4GJ／年、太陽光パネルの設置によりZEH（ゼロエネルギー住宅）をクリアしています。田園風景を望む開口部にはLow-Eガラスの木製ヘーベシーべでフルオープンできる開口部とし、その他は樹脂サッシュのトリプルガラスとしています。この家は生活空間の母屋と玄関ポーチであり、バックヤード（機械室や物置き場、ランドリー）でもある下屋部分で構成され、下屋部分が外部とのバッファーゾーンの役割を果たします。立体的なワンルームとも言える断面構成は空気と熱の動きが思惑通りにうまく働き、少ない設備で望ましい熱環境を創り出せたと思います。

藤田さんご一家は冬でもアウトドアライフを楽しんでいる模様。それは確かな室内の熱環境が担保されているからこそだと思います。

住まいの性能が変わると暮らし方も変わる。大げさな設備に頼らないパッシブデザイン（与えられた環境を利用する）に徹すると、暮らし方がアクティブ（積極的）になる良いお手本だと思いました。

◎省エネルギー性能

省エネ地域区分		3地域
C値		—
Q値		—
UA値		0.28W/㎡K
ηA値		1.3W/㎡K（冷房期） 0.9W/㎡K（暖房期）
断熱仕様	屋根断熱	ポリエステル断熱材 340t
	壁断熱	ポリエステル断熱材（充填）120t、（外張り）120t
	床・基礎断熱	押し出し法 ポリスチレンフォーム50t
	窓	木製サッシ（アイランドプロファイル）、樹脂サッシ（YKK AP）
	ガラス	Low-E複層ガラス、トリプルガラス
	玄関	木製扉（Nドア/アイランドプロファイル）
設備仕様	空調	暖房：薪ストーブ （シエィカーストーブ［山林舎］） 冷房：エアコン1台
	空気循環	—
	給湯	ガス給湯
	換気	第一種換気
	発電	屋根材型太陽光発電システム （容量10.92kW） エコテクノルーフ （タニタハウジングウェア）

上／キッチンは家族と向き合って料理ができる対面式
下／2階のオープンスペース。子どもたちのスタディコーナーの予定が、現在はご主人の趣味のスペースに

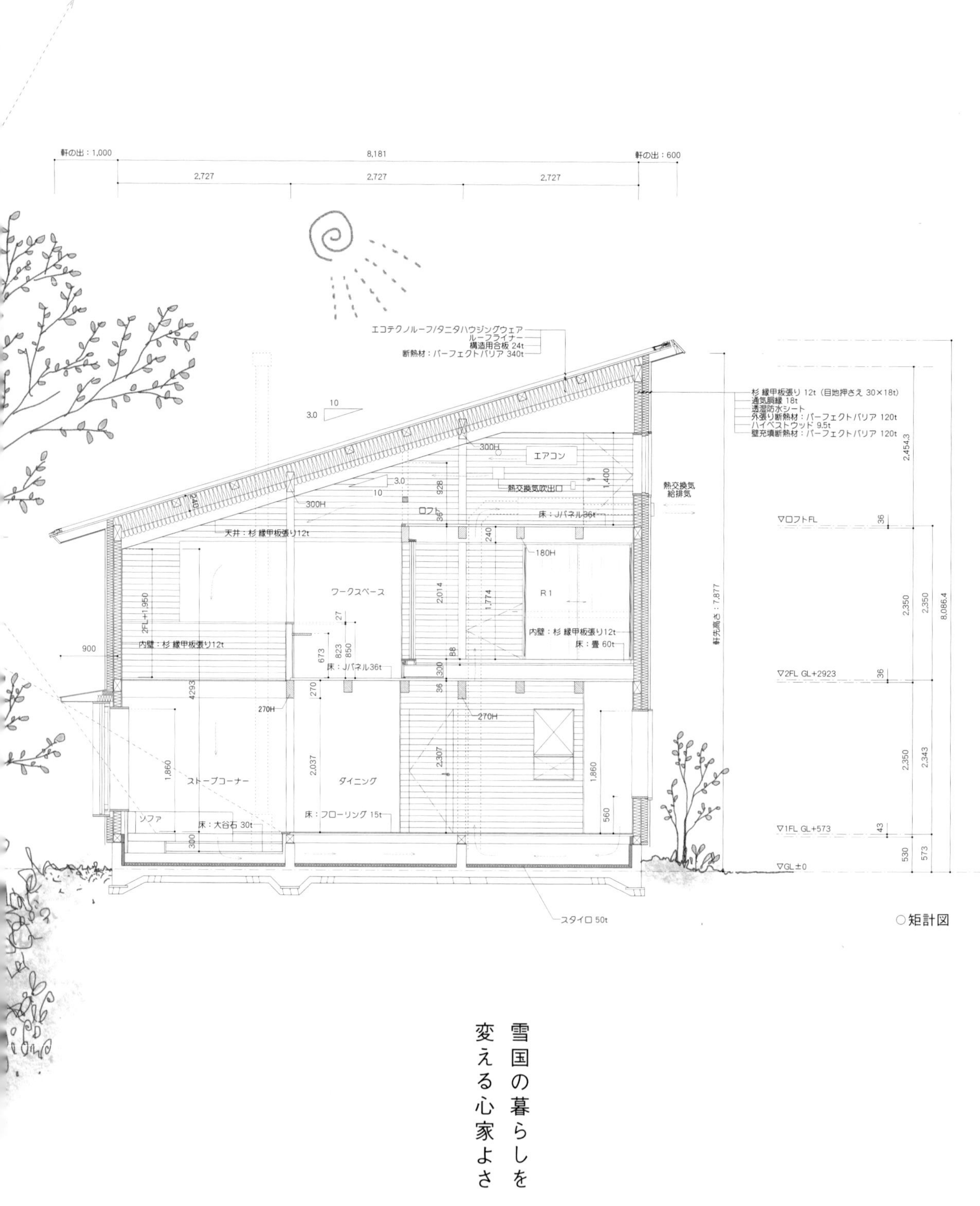
軒の出：1,000
8,181
軒の出：600
2,727
2,727
2,727
エコテクノルーフ/タニタハウジングウェア
ルーフライナー
構造用合板 24t
断熱材：パーフェクトバリア 340t
杉 縁甲板張り 12t（目地押さえ 30×18t）
通気胴縁 18t
透湿防水シート
外張り断熱材：パーフェクトバリア 120t
ハイベストウッド 9.5t
壁充填断熱材：パーフェクトバリア 120t
エアコン
熱交換気吹出口
熱交換気
給排気
ロフト
床：Jパネル36t
天井：杉 縁甲板張り12t
ワークスペース
R1
内壁：杉 縁甲板張り12t
床：畳 60t
内壁：杉 縁甲板張り12t
床：Jパネル36t
ストーブコーナー
ダイニング
ソファ
床：大谷石 30t
床：フローリング 15t
スタイロ 50t
▽ロフトFL
▽2FL GL+2923
▽1FL GL+573
▽GL±0
軒先高さ：7,877
8,086.4

○矩計図

雪国の暮らしを
変える心家よさ

魚沼で育った越後杉をふんだんに使い、自然の中に佇む外観。20cmの幅広の越後杉を押縁で反らないように施工した。耐久性の高い赤身部分を使用

夏至(76.4°)

秋分(53.1°)

冬至(29.5°)

UA値 ………… 0.28W/㎡K
ηA値 ………… 1.3W/㎡K(冷房期)
0.9W/㎡K(暖房期)

こぼれ話

8

断熱はウソつかない

新しい住まいでの生活がはじまり本格的な冬がやってきました。藤田さんから雪の中に佇む魚沼の家の写真が何枚か送られてきて、感慨深く見ていると、太陽光パネルが載った屋根には雪がたっぷり積もり、同じ勾配なのに、ガルバリウム鋼板の立ハゼで葺いた屋根は雪が滑り落ちているではありませんか。

設計の意図とはまるで逆の現象が起きていました。

どうやら、太陽光パネルの接合部の5ミリほどの出っ張りに雪が引っかかって、思うように落ちない様子。耐雪荷重は2メートルで設計しているので荷重の心配はいらないのですが、大きくなる雪庇が怖いのでそこだけ落とせば大丈夫ですとの返事を頂き、今年はこれで様子を見ることになりました。ところが、真冬の夕方、藤田さんからの電話。

「雪で薪ストーブの煙突が曲がった」とのこと、屋根に積もった雪がケラバ方向にはらんで煙突を曲げたのです。暖房はこの薪ストーブだけなので、急遽、煙突屋さんに電話をして修理を依頼するも、最短でも翌日になってしまうとのこと。暖房が使えないので奥さんと子どもたちを奥さんの実家に避難させ、ひとり残る措置を取ります。

覚悟して一人で一晩過ごされた藤田さんですが、その日、無暖房の住まいが16℃を切ることはなかったそうです。避難した奥さんの家の方がむしろ寒かったとのこと…。暮らしに関わる騒動だったにも関わらず、断熱のありがたみを身を持って知ったそうです。

「断熱はウソつかないねえ」と断熱の大事さを再認識するできごとでした。煙突は翌日、頑丈に手を入れてもらいました。

TALKS
CONTRIBUTION

対談・寄稿

対談1

伊礼智（建築家）×荻野寿也（造園家）

設計が生きる造園
造園で変える設計

Toshiya Ogino / Satoshi Irei

2人が最初に協働した「南与野の家」。通りを行く人に優しい印象を与えることと、木漏れ日を大事にしたというコモン側

内と外のつながりを当たり前に表現する伊礼智さんの住宅設計の見せどころは、周辺の風景や風や緑の切り取り方。庭のあり方が、その住宅を大きく左右します。造園を依頼できる場合は荻野さんにお願いするという伊礼さん。伊礼さんがリノベーションを手掛け、荻野さんが前庭を造園した「コミニケーションギャラリー ふげん社」で、互いの仕事について、協働すること、これからの家についてなど価値観を共有していただきました。

建築は外部をどれだけ取り入れるか

伊礼　僕は沖縄の生まれで、伝統的な沖縄の小さな民家で育ちました。沖縄の伝統的な家というのは外部と内部の境界があいまいで緩やかにつながるという特徴があります。外と内のつながりが当たり前のようにある家で生まれ育った原体験が、後に建築を志すようになってからも、外部が内部と一体になっている居住空間を設計したいという意識につながっているように思います。

今から20年くらい前でしょうか、ある雑誌の対談企画で、哲学者の野矢茂樹さんとご一緒させていただいたとき。野矢さんは対談のなかで「建築って、外部をどれだけ取り入れるかでしょ」ときっぱり言い放った。「いいものは外部からやってくる」とも。設計というものを的確に表した衝撃的な言葉でした。さすが哲学者は違うなあと(笑)。その時、沖縄の生家での経験から始まって、いま建築家として自分にも通じる、自分なりの設計の思考が一つの言葉にまとまり、腑に落ちたことを今でも覚えています。つまり、僕は常に外部との関係のなかで建築を捉えている、ということです。

荻野　私はもともと建築学科を卒業し、若い頃ゼネコンの現場監督を経験していたこともあり、建築が好きでいろんな住宅や建築を見てきました。

やはり自分がいいな、と思える建築には「質素で気持ちいい場所」がある。建築家が設計する家には「ドヤ感」が漂うものも多く、そういう建築は世間でいくら評価されていても、私は好きじゃない。質素でありながら品格がある、気持ちいい場所をつくっている、ということが自分にとって大事な要素でした。伊礼さんの設計は上質な民家のよう。すごく力が抜けて自然なんだけど、そこに「簡素美」の魅力と品格を感じる。時代を超えた普遍性がある。その意味で、伊礼さんの物件をいつか植栽してみたいという気持ちがありました。

伊礼　荻野さんとは友人の建築家の紹介で10年前に初めて造園を依頼させていただいて以来、これまで20軒以上協働させていただいています。荻野さんを一言で表すと「建築家の眼を持った造園家」。いくら技術や経験に長けている大工・家具屋・工務店さんでも、それだけでは、こちらの目指すものとは違うものになってしまう。建築家やデザイナーの眼を持った職人と一緒につくる家はこちらもワクワクします。

それまで仕事をしてきた造園家のなかでそういう感覚を持っていたのは、荻野さんが初めてでした。荻野さんが建築家の眼を持って造園を考えていることと、私が沖縄の出身で内と外がつながっている空間に何の違和感もなく、むしろ当たり前だと思っていること。そこが共鳴しているんだと思います。

右／スリランカ南部のゴールにある「ジェットウィング・ライトハウス」の中庭

自然の起伏を そのまま建築に生かす

伊礼　荻野さんと共鳴する部分は、熱帯地域の建築への憧憬にもあります。スリランカの建築家ジェフリー・バワの建築に惹かれ、2019年に荻野さんと一緒にスリランカに赴き、バワの建築を巡る旅をしました。

荻野　私もバワの建築を実際に体感して、建築においては場所性が非常に重要だと改めて感じました。その場所の自然の起伏や岩場をそのまま建築構造に生かす。その場所を踏まえた空間提案こそが建築だということなんだと思います。建築自体はすごくシンプルで力が抜けているものの、階段を上り詰めると突然目の前のデッキから海岸線が遠くまで伸びる風景が広がり、遠くからは波の音が聞こえる、それがすごく気持ちいい。こんなところから海岸線が見えるなんて全く期待していなかったから、余計にドラマチックで感動しました。

伊礼　そうですね。その土地や風景に愛着があれば、風景を壊すような建築はつくれないし、自然と土地に馴染んだカタチを考えるようになります。場所さえよければ、建築の半分は成功したようなものだとさえ思っています。

荻野　だからできるだけ早い段階で施主と設計者で相談してもらえるのが理想ですね。アマンなどのリゾート建築で有名な建築家のケリー・ヒルは、ホテルオーナーのゼッカと一緒にヘリコプターで建築地を飛んで、一緒に土地を決めた。住宅でそこまでやるのは難しいかもしれないけど、そのぐらい俯瞰してみることで土地の形状を生かした建築ができる。できれば土地選びから建築家と造園家が入って、いろんな選択肢のなかから一番条件の良い場所を選ばせてもらえると最大限の力を発揮できるのに、といつも思います。なかなかできることじゃないけど。

居心地の 良い場所づくり

荻野　私は造園を依頼されたときにまず平面プランをひとしきり眺めるのが大好き。どこに開口を開けているか。借景をどう取り込んでいるか。北庭の落ち着いた光をどう生かしているか。五感で居心地の良さを知っている設計者はそれが平面にも滲み出るし、よく考えられた平面図は、一目眺めただけで嬉しくなります。

まず平面プランを
ひとしきり眺めるのが大好き
—— Ogino

　伊礼さんの設計の特長は開口部とよく言われるけれど、全体として窓をたくさん設けるわけじゃない。ただ、ここと決めた場所にズバッと大胆に開ける。メリハリのあるその大きな開口が楽しい仕掛けになって、風景を取り込む。そして、そこが一番気持ちいい場所になるんです。

伊礼　僕はいまだに一本引き・フルオープンの木製の開口部にこだわっています。閉めていても、開けていても内と外がつながるような空間ができる。大きな窓から遠くの風景を取り込む気持ちよさは何物にも代えがたいし、手前に幹を感じる敷地の植栽から山の稜線まで視覚的につながると、大きな開

右／手前に幹を感じさせながらその先の山の稜線に視覚的につながる「諫早の家」の開口部
左／「窓から切り取った風景が完璧すぎて木を植えなかった（荻野さん）」という「つむぐ家」

放感を得られます。

荻野　冬場は緑がなくても木立を眺めても美しいような幹の構成をつくる。夏は窓を全開放して外気を感じる。匂い、色、音、陰の揺らぎ、木漏れ日なんかが相まって、造園を五感で味わえます。

伊礼　僕はその家で一番眺めのいい場所に開口部を切り取り、その開口部近傍にソファを置いて外と内の間のような居場所から庭を眺めてもらうように設計します。だから「リビングからテレビが見えにくい」という施主の声を時々聞きますね（笑）。

荻野　いや、外とつながる大開口窓は、テレビに負けない極上のエンターテイメントですよ。

庭を邪魔しない建築でありたい

荻野　伊礼さんの設計のもう一つの特長は、建物のサイズ感ですね。伊礼さんは決して敷地目いっぱいに建てず余白を広めにとる。敷地に余白があると植栽スペースがきちんとあるから、造園する側にとって非常にありがたいんです。さらに各階の天井高が低く抑えられて、屋根の掛け方も威張らず控え目ですよね。屋根の掛け方が控え目だと、敷地内の樹木によく日が当たる。少し贅沢をして5メートルの高木を庭に1本入れるだけで建築のスケールが相対的に小さくなり、風景によく馴染む。植栽とのバランスを考えると、建築をより小さく見せることの利点を熟知しているように見えます。

伊礼　吉村順三さん系列の建築家は水平ラインを大切にします。建物全体としても水平に伸びた造形の方が安定して心地いい。ここに植栽による垂直や斜めのラインがポイントとして入ることで、いいリズムになって建築と庭が一体感をもった空間になります。

荻野　さらにいえば、伊礼さんの照明計画も秀逸です。伊礼さんは、ダイニングの天井にシーリングライトをつけず、ペンダントライトを吊るす。リビングも床面に低いスタンドライトを置く。室内のできるだけ低い位置に照明を置き、そのうえで屋外の植栽に月明かりのような自然なライトアップをすると、リビングから外までつながるひとつの空間が眺められて、その視覚効果が気持ちいいんです。

伊礼　僕は、庭を邪魔しない建築でありたい、と思っています。建築と庭が一体になったときに、はじめてこの建築が完成するという感じがいいなと思ってます。僕の建築は造園がなければ完結しない、という人もいますが、私はそれでいいと思っています。それぐらいの家をつくりたいとさえ思っているんです。

荻野　こうした引き算された建築のありようは、ハウスメーカーではできないこと。植栽をしていても、一つひとつがしっくりきて非常にやりやすい。窓が額縁のように見える。そこに何を添えるか。引き算された建築だからこそ、私も一つひとつの植栽に意識を集中します。庭の扱い方を熟知し、自身の設計に生かしている建築家がつくる建物は、時代を超えた普遍性を持っていると思います。

アイデアとバランス感覚の共鳴

伊礼　最初から造園を荻野さんにお願いできる場合は、更地で荻野さんと一

荻野さんは、
建築家の眼を持つ造園家

—— Irei

山の稜線とつなげるだけでなく、中庭と駐車場をガラリでつなぎ、屋上緑化で中庭とも連続させた「熊本・龍田の家」

緒に現地調査に行くことがあります。これまで何回かやったことがあります。

荻野　伊礼さんの師匠にあたる吉村順三さんは、現場で竹を2本切ってこさせ、そこに縄を張って4角形をつくり、そこに椅子をもっていって、その場で窓の配置・大きさ・高さを検討したというエピソードがあります。僕はその感覚がすごく好きで、これこそ建築設計の真髄ではないかとさえ思います。

伊礼　例えば「熊本・龍田の家」は、荻野さんが「あそこに山の稜線がみえるので、あれと庭の緑をつなげましょうよ」と提案してくれる。そこで私も、ではリビングをこの向き、この大きさなら、駐車場はこっちにしよう、と設計の骨格がかたまっていく。そうやって現地で意見をかわし応答しながら決めると、やはりいいものができますね。大抵は実施図面の設計が終わってからになってしまいますが。

荻野　造園家にとっても現地調査は重要です。この場所は地下水位が高い、高木を入れても根づきにくい、日照がきつい、乾燥や風が強い、この方向からいい風がくる、周辺にはどんな樹木がどんな枝ぶりで育っているのか、隣家の庭や近隣の雑木林の風景を取り込めないか、とか。敷地の中に限らずその周辺調査からわかることも多いんです。だからこそ、現地に行きます。

伊礼　庭については、私自身もできる限り工夫を凝らします。例えば沖縄ではやんばるの原生林の小道の風景や、海辺の風景をイメージして植栽を考えたりします。植栽を見映えで配置するのでなく、自然の風景をそのままこの庭に持っていきたい、という想いがあるんです。例えば「熊本・龍田の家」などはじめ、荻野さん定番の手法として、不等辺三角形をつくるように植栽を配置する。どの角度から眺めても奥行きを感じられる。これは一般的な植栽を敷地境界線に等間隔に並べるのとでは雲泥の差がある。自分なりに大切にしてきたそういうこだわりを、荻野さんはすんなりとやってくれる。「熊本・龍田の家」では窓際に1本の木を置いた後、その木を避けるようにデッキの形状を欠き込んでつくったこともある。そんな小さな工夫をすることで、すでに昔からそこに樹木があったかのように感じられ、敷地全体に敷かれた自然の存在が大きく立ち上がってくるんです。

荻野　窓から切り取った風景があまりに完璧すぎて、窓の前に植えようと思っていた植栽を植えなかったこともある。木を植えないのも造園の仕事なんですよ。

伊礼　2人で仕事をしていると、荻野さんが「桟橋を渡るような感じで…」なんてアイデアをくれる。それを僕なりに昇華させると、想定していなかったいいものができたりします。つくばの「里山の平屋暮らしの家」は、まさにその例ですね。

荻野　私は建築が好きなので、屋外のデッキから室内を眺めるのも好きです。つくばでは、デッキに造り付けの屋外ベンチができました。風がズバッと通る屋外空間から、自分が暮らしている椅子やテーブルを愛でるのもいいし、反対側の窓から見える景色もいい。伊礼さんの家にはカーテンがないのでよ

伊礼さんは、簡素美と品格を感じさせる建築家

—— Ogino

右／「里山の平屋暮らし」のアプローチデッキは縁側のような役割でもあり内外からの目隠しにもなっている
左／「甲府の家」のキッチンの小窓。この窓からの緑に心安らぐだけでなく、外のデッキにここから食事を手渡しできる

けいに視界が広く感じられる。

「甲府の家」では、玄関アプローチの庭を眺められるデッキをつくりましたが、このデッキはキッチンにも隣接しているから、小窓から食事や飲み物を給仕できる。ここで重要なのは、建築と一体になった造り付けのベンチやテーブルをつくってもらったこと。わざわざアウトドア用のテーブルセットを毎回持ち出す必要がないから、デッキを使うことが自然と暮らしの動線に組み込まれて日常化する。半屋外に居場所をつくるというちょっとした工夫で、戸建て住宅の動線の多様さは格段に上がって、日常の何気ない時間がもっと豊かになっていくのは楽しいですね。

一緒にお酒を酌み交わすたびに、次にやってみたいことの話で盛り上がってますからね（笑）。

伊礼　施主の予算やメンテナンスなど考えて定番をやってしまいがちなところを、荻野さんが奇想天外なアイデアをくれます。それを僕なりに昇華させると、想定していなかったちょうどいいものができる。両極端がいることでいいバランスの提案ができていますね。協働を重ねるごとに少しずつ荻野さんのやり方がわかってきて、自分の設計も変わってきました。荻野さんの手法が一番生かせるように、設計の細部を調整するようになりました。

心地よさを求める これからの家

荻野　一部のつくり手は、高気密高断熱性能を追求するあまりに窓を小さく、外部空間との縁を断ち切り、温度・湿度の安定さで住まいの快適さを図る人もいる。結果としてできる住宅は、全く違ったものになる。

伊礼　僕は吉村順三さんはじめその門下の先輩たちが実践されてきた設計手法をしっかり受け継ぎながら、いまの時代に合わせて足りないものを新たに加えていく。例えば断熱気密もその一つです。

具体的には、建具屋仕立ての木製建具を性能がいいアイランドプロファイルに切り替えたことが大きいですね。一方でフルオープンの1枚引き込みの窓にはこだわりました。窓を小さくすれば断熱性の高い家はできる。でもそれでは外を感じられる家づくりはできない。窓の性能を高めることで、閉じたいときに閉め、開けたいときに開く、「閉じてよし、開いてよし」の自由な住宅ができるようになったことに満足しています。

荻野　伊礼さんが他の建築家と違うのは、断熱気密という性能を軽視せず、追いかけているところ。それでいて建築家として、開けた時の工夫もしっかりつくり込んでいる。鍵を掛けられる網戸や、戸袋に引き込める網戸。さらに、蚊の対策ができた半屋外空間を伊礼さんに設計して欲しいとずっとお願いしていて。デッキに蚊帳を吊るぐらいでもいい。1年の中でも5月の連休明けから梅雨入りになる6月初旬ぐらいまでは特に窓を開けて過ごすと気持ちがいい。屋外で快適に暮らせる半屋外空間の提案が求められていると感じます。

コロナ禍でステイホームを経験すると、鳥のさえずりがこんなに気持ちいいものかとびっくりすることがあります。これまでは昼間自宅にいる機会が少なかったから気づかなかったけれど、これからは働き方も変わっていく。そのなかで庭付き一戸建てという選択肢

両極端がいることで
いいバランスの提案ができている

—— Irei

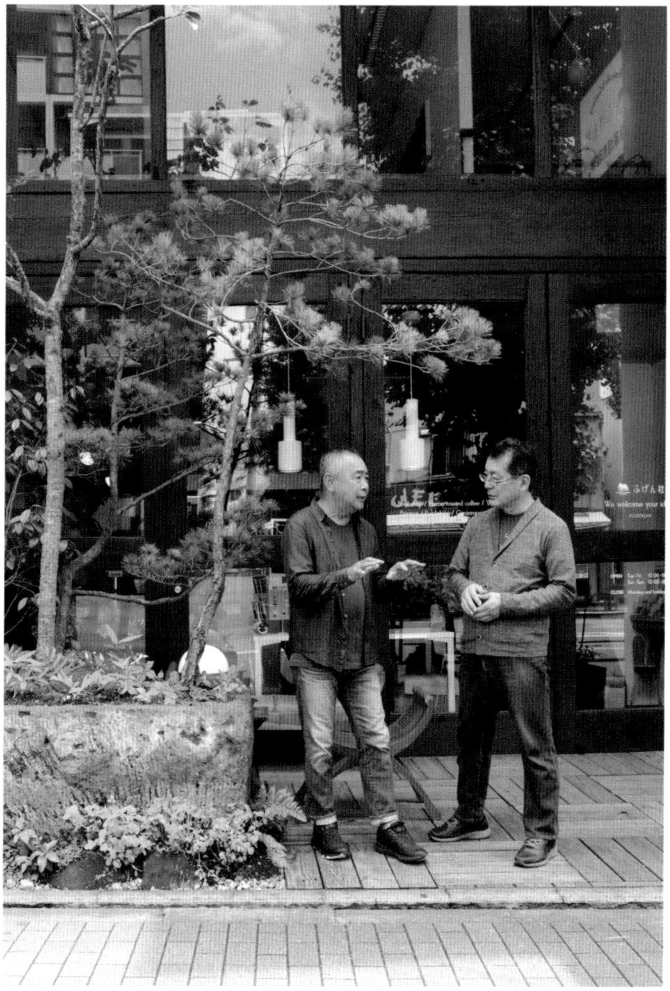

印刷会社が手掛ける「コミュニケーションギャラリー ふげん社」の前庭。目黒という地名の由来説がある馬畔（めぐろ）にちなみ、馬の水飲み用に使われていた石を配置した

が、有力な選択肢になっていくのではないかと思います。

伊礼 内と外を自然につなげて、年間を通して家をいかに「心地よい場所」とするか。働き方も家での過ごし方も変わってきたこれからの家には性能も欠かせない要素ですね。

荻野 「質素で気持ちいい場所をつくる」、「食事をする場所を楽しくする」。人間にとって一番大事な部分は、そういうことだと思います。だからこそ、これから家をつくる方にぜひ押さえておいてほしい重要なキーワードです。それには建築と庭の一体感が不可欠だと感じます。

最近は伊礼さんの設計に学びたいという、若手の工務店や設計事務所が出てきている。こうした動きにとても希望を感じています。これから伊礼さんのような建築家の存在がますます重要になり、もっと幅広い人に求められていくと思います。

荻野寿也（おぎの・としや） 1960年、大阪府生まれ。1999年、アトリエが第10回みどりの景観賞を受賞。以降、独学で造園を学ぶ。2006年、荻野寿也景観設計を設立。2013年、長野県松本市景観賞受賞。2015年、第25回日本建築美術工芸協会賞（AACA賞）優秀賞共同受賞。2017年、荻野寿也の「美しい住まいの緑」85のレシピを出版。2019年、倉敷市建築文化賞優秀賞受賞。原風景再生をテーマに造園設計・施工を手掛ける

 撮影協力：ふげん社

対談2

伊礼智（建築家）×岡本欣也（コピーライター）

古き佳き設計を生かし 手を加え価値を高める

Kinya Okamoto / Satoshi Irei

洗面脱衣室はベニヤの壁を無垢の壁に。浴室は壁をサワラで張りヒノキの浴槽で仕上げた

2019年の9月、フジタ第2箱根山マンションの一室がリノベーションされました。このマンションの持ち主はコピーライターを生業とされる岡本欣也さん。建築が好きで、特に吉村順三さんの建築ファン。吉村さんが手掛けた箱根のホテル小涌園、フジタ第1、第2マンションの存在はもちろん知っていましたが、その一室が売りに出されていることを知り、またこの物件の価値が落ちていると感じた岡本さんはこれを価値あるものとして残したいという思いを強くし、マンションを購入。吉村系譜である伊礼さんにリノベーションを託しました。自宅、職場に続く第3の拠点としてこのマンションを活用される岡本さんに、伊礼さんに依頼した経緯やこの空間の心地よさ、伊礼さんの設計について、お話をお伺いしました。

伊礼さんしか
いないと思った

伊礼　最初の要望は「もとに戻したい」でしたよね、オリジナルに。このマンションの開口部はアルミサッシでしたが、それを木製建具にして欲しいという要望はとてもハードルが高いと思いました。マンションなので、台風や防雨対策も考えると…他には風呂場の浴槽が樹脂になっていたので、それももとの美しい浴槽に戻す。とにかくハードルが高いな、と。

岡本　今にして思えば、僕もはっきりとしたビジョンがあったわけではなくて、「もとに戻したい」ということだけが選択肢として見えていたことだったから。ただ、吉村さん系譜の建築家にお願いしたいという思いは最初からありました。

伊礼　吉村先生は僕の師匠の師匠にあたるような方なので、今も活躍しているお弟子さんを数多く輩出されていますし、その方たちの手法も取り入れながらまとめていったら面白いのではないかと思いました。僕の設計を前面に出すのではなく、できるだけ影を潜めて（笑）。たとえば奥村昭雄さんのイスを置いたり、このテーブルは晩年吉村先生の家具担当だった丸谷芳正さん、吉村先生オリジナルのためるソファとか、中村好文さんのペンダントライトとか、吉村山荘のオリジナルのペンダントを芳正さんが復活させたものとか。そこに、キッチンには僕が信頼している材木屋さんの紀州の杉パネルを張ったり、キャビネットを自分なりにつくったり。吉村先生はラワンベニヤが大好きだったから、ラワンベニヤでまとめました。メインの開口部は、建具屋さんで作る木製建具で気密をよくして、今できる限りの木製建具にしました。

岡本　もとに戻したいという気持ちと、それは伊礼さんであるべきじゃないかという矛盾した気持ちはありました。もとに戻すという依頼をしても、頼む相手によってできあがってくるものは変わってくるんじゃないかな、と。吉村さんの系譜のお弟子さんと呼ばれる方は何人もいらっしゃいますが、誰に依頼したいのか考えたとき、伊礼さんしかいないと思ったんです。伊礼さんの本を何冊も読んでいて、伊礼さんはあまりリノベを好んでされないんだろうな、とは感じていましたが、吉村さんの物件ならばおもしろがって？　やってもらえるのではないか、という期待もあって。あと、お会いしたかったというのもありました（笑）。

長押の水平ラインは寸法と高さを同じにしてつくり直し、ぐるりと廻した

主旋律は同じなのにコードが違う 違いはディテールにあらわれる

―― Irei

伊礼　吉村先生が設計したものにどう手を加えるかというのには相当なプレッシャーがありました。もとのいい部分は残すというか、戻せる部分は戻そうと思いました。ただ、性能なんかを考えると全く同じには戻せないし戻さない。ガラスをペアガラスにしたり。僕がここで残したのは長押（なげし）です。吉村先生の建築の美しさは何とも言えない落ち着くきれいなプロポーションなので、それだけは残したいと思って、壊して全く同じ寸法、同じ高さで見付も同じでつくり直しました。横に水平ラインが廻っているというのが吉村先生らしいプロポーションだと思います。

リビング・ダイニングの障子のデザインも変えました。寝室の障子はオリジナルを残しています。吉村先生も晩年は障子の幅が大きくなっていったというのもあって、それぞれの幅の違いなんかも意識的に遊びながら変えました。

岡本　伊礼さんは『自分は影を潜めながら』とおっしゃいますが、僕から見ると結果的にはものすごく伊礼さんらしさがあふれる空間になっていると思います。いろいろな方のデザインを織り交ぜながらという考え方も含め、人もモノも融和させながら設計していただいた。そうは言っても随所に伊礼さん独自のセンスや考えがありますよね。

僕はキャビネットがすごく好きなんですが、実物を見て、使われている木の種類が場所によって緻密に変えられていたことに、こんなことを考える人がいるんだと感動しました。キャビネットだけでなく、随所にその考え方があるんです。襖の引き手部分だったり、戸棚のガラス戸の手掛け部分だったり。単純に「木」と漠然と思っていたら、ラワンベニヤだったりチークだったり杉だったり、そういう繊細さはこれまで見たことがありませんでした。

伊礼　目立たなくしたいんです。いかにも目立つようなディテールじゃなく、触れた時にわかればいいといつも思っています。

岡本　さりげなさ過ぎて写真なんかではわかりにくいけれど、実際に見ると手触りが違ったりしてわかるという繊細さですよね。本でしか伊礼さんの空間を知らなかったので、実際にできあがって、伊礼さんらしさというか全体のほんわかしたやさしい感じも含めてお人柄が表れているのかな。よく見るとディテールの厳しさがあるというところも。その両方が伊礼さんのつくる空間なんじゃないかと思います。僕もモノ（広告）をつくる仕事をしているので、つくるということにおいてその人らしさがどう表れるのかということはだいたいわかります。その人らしさがそこはかとなく投影されていく。広告は自分だけでつくるわけではないし、それを見た人が、つくった人の名前まで知ることはない。でも同じ業界の人たちにはあの人らしいね、というのはよくわかるんですよね。

伊礼　僕も吉村流派と言われることがあります。その流派と呼ばれる建築家は大勢いますが、一般の方から見ると吉村さんと同じで見分けがつかないよね、と言われます。ただ、実際は全然

右／キッチンカウンターはチーク材と木目が美しい杉パネルを使用
左／キャビネットの引き戸の手掛けはチーク材

違う部分は大きいし、業界の中ではその違いははっきりとわかる。音楽でいうと「主旋律は同じなのにコードが違う」という感じでしょうか。同じ素材を使っていてもどこか違う、というのはそういうディテールに現れるのかもしれませんね。

岡本　建築家の方それぞれに特徴や考え方があると思いますが、伊礼さんは作家性を前面に押し出さずに、意図的に引こう（自分を出さないように）としているという印象があります。

伊礼　僕はどちらかというとプロダクトデザイナーと感覚が近いと思っていて、できるだけ多くの人に使ってもらいたい。だから個性的な作品をつくるというよりも目立たないようにという思いが強いのかもしれません。まぁ、目を惹くようなものを創る能力もないのですが…（笑）。

岡本　「引いて出る個性」というのは作家としては上品な個性ですよね。

伊礼　吉村先生がそんな感じだったと僕は思っているので。吉村先生が「普通じゃだめなのかい？」と言われたという逸話は語り継がれていますが、僕もその普通が大切だと思っています。

岡本　その意識における正当な系譜？　普通であることの尊さを引き継がれているのが伊礼さんなんじゃないかな。

吉村先生のほどよいコクを守り、味わいを増す

伊礼　建築の世界では変わったことをやらないとだめ、みたいな考えが根強くあるんですが、僕は誰でもまねできる、まねしたくなるようなものをつくるということがつくり手としての誇りなんじゃないかと思っています。

岡本　それって一番難しいことでもありますよね。じゃあそれを誰でもまねできるかというと、できない。

伊礼　吉村先生のお弟子さんにあたる益子義弘さんの言葉で「空間のコク」というのがありますが、僕はその言葉がとても好きです。照明や素材なんかが影響してくるんですが、このマンションも吉村先生のほどよいコクがある。それをここでは守りたいと思いました。ラワンベニヤを選んだのもそういうことです。

普通であることの尊さを引き継がれている
—— Okamoto

例えばここの天井は細かいスジを入れた杉板で張り替えました。アルヴァ・アアルトが用いる手法で天井に細かい小幅板を使うと、空間に方向性を創り出して、かつ味わい深い天井になる。マンションリノベを得意とする小谷和也さんが知り合いの材木屋さんに頼んでヒノキでつくってもらっていたのです。僕は杉の赤身の部分でこれをつくってもらったら、あたらしいけれど10年くらいたったような天井に見える。コクのある空間になりました。

岡本　元々この天井はラワンベニヤでした。それが吉村さんらしさを出していたので、そのままがいいなと思っていましたが、張り替えると言われて驚きました。そうくるかと。

伊礼　ベニヤと無垢板の違いもあるんです。コクが出るのはベニヤよりも厚みのある無垢の板かな？　と感じていたし、調湿機能や音の反射具合も心地よさに影響してくるので、それぞれのバランスを考えて、この方がいいと。

岡本　天井のラインが窓の方に向いていて、広がりと

細かい小幅板で空間に方向性を創り出し、かつ色合いを深くしてコクを出した天井

リビングのつながりを持たせていることとも。視線がいざなわれているというのもすごく気持ちがいいと思っています。こういうことを全く何もないところからイメージされることや、木の種類によって見た目の味わいが変わるという計算をされているなんて、想像にもおよびませんでした。

伊礼　この開口部をもとに戻すという高いハードルをいただいていましたが、ここを木製建具に変えたことで、マンションリノベでもフルオープンした時に枠も何もないという状態にできる、その心地よさがよくわかりました。また、開口部を変えたことでペアガラスを入れて断熱性も高まったことも結果的にはよくなったと思っています。

岡本　僕は断熱性能は全く求めていなかったのですが、ここの開口部を変えたことでずっとよくなっていたことには驚きました。熱が逃げる感じもあまりないし、寒々しさもなく、体感的にとても心地いい。この空間の心地よさのレベルも、細かいディテールも含め、伊礼さんにお願いできたことが本当によかったと思っています。リノベーションをすることは元々好きで、事務所や自宅も含めこれまでに4回リノベーションをしました。ただ、建築家にお願いしたのはこれが初めてでした。吉村さんが設計したこのマンションを、自分の好きな伊礼さんにリノベーションしてもらう。僕としてはこの2人を組み合わせるという壮大な遊びができたな、という気持ちでいます（笑）。こんな時空を超えた共作をしてもらえるのも、リノベーションならではなんです。

岡本欣也（おかもと・きんや）コピーライター・クリエイティブディレクター。1969年生まれ。株式会社オカキン代表。おもな仕事は、日本たばこ産業「大人たばこ養成講座」シリーズ、「あなたが気づけばマナーは変わる。」、グリコ「あ、大人になってる。」日本郵政「年賀状は、贈り物だと思う。」やゴディバ「日本は、義理チョコをやめよう。」他多数

自分の影を潜め

ほどよいコクをひき立てた

—— Irei

寄稿1

自然なデザインと不自然な性能
デザインと性能の対立を超えて

前真之

「デザイン」とは何か。広辞苑によると、「意匠計画。製品の材質・機能および美的造形性などの諸要素と、技術・生産・消費面からの各種の要求を検討・調整する総合的造形計画」と定義されている。一方「性能」の定義を見てみると、こちらは「機械や物体の性質と能力」とひどくそっけない。

建築設計において、デザインと性能は両立しない背反するものと一般的に認識されている。そもそも、住宅に性能という概念が登場したのはごく最近である。本稿では、建築環境物理を専門家とする筆者から見た伊礼智氏の家づくりについて考察したい。

○住宅は男の仕事にあらず?

『「住宅作家になりたい」と先生に話したら、もっと志を高く持った方がいい」と言われた(笑)。当時は、住宅からスタートし、徐々に大きな建築、社会的な建築へと移行していくことが建築家の理想であった。』と伊礼氏の著作にある。

自分も大学院時代に有名な建築環境工学の教授に挨拶したところ、「男だったら非住宅をやれ」と一喝されたことがある。大きなモノをおったててこそ、男の仕事ということらしい。

産業革命とフランス革命の後、急激に巨大化した機械と国家機構、そして建築物が人のスケールを圧倒した。現在当たり前とされている生き方・働き方・暮らし方は全て、たかだか300年程度の歴史しかない。

巨大な建築物は人工の照明や空調が不可欠であり、内部に人を生存させるためだけで膨大なエネルギーを浪費する。20世紀後半になるとエネルギーや地球環境の制約が如実になり、分かりやすいが周りを傷つけずにはいられない「男らしさ」の時代は終焉が運命づけられていた。その見直しの流れを一気に加速したのがコロナ問題である。住宅が生活の中心として復帰しつつある現在、伊礼氏の設計における価値の作り方が注目を集めている。

○建築の価値を生み出すもの

筆者が関係した設計においても、伊礼氏は学生の拙い説明にも熱心に耳を傾け、自身の主義とすり合わせつつ設計への反映に取り組まれていた。氏の特徴は、なによりそのコミュニケーション能力にあると感じる。ありがちな「男らしい」独善や押しつけがましさを感じない。

建築の価値が何か。筆者の拙い理解では、「住み手が幸せな生活を送れるよう、人智が尽くされている」こと。この価値の説明と実現をサボり、自分たち建築の専門家だけが理解できれば良いとする建築業界の独善は、逆説的にスペック至上主義の跳梁を招いた。性能値一番を標ぼうするハウスメーカーを瞬く間に業界トップに押し上げたのは、第一に住宅業界積年の怠慢であろう。

スペック値競争に特化してしまっては、海外生産したパネルがコスパ最強であり、日本の住宅産業に勝ち目はない。しかし、住宅の価値は外皮平均熱貫流率(UA値)で決まるものではないのは当然である。

住み手が自分の家を信頼する別の方法は、「必要にして十分」なことを設計者との協業を通し確信できること。住み手の素朴な「あってほしい」に真正面から答える意志と努力こそが、住宅の設計者に一番求められる資質であろう。

○「あってほしい」をかなえるために

伊礼氏のデザインが多くに人に共感されるのは、素朴な

前真之（まえ・まさゆき）東京大学工学部建築学科准教授。1998 年東京大学工学部建築学科卒業。住宅のエネルギー消費全般を研究テーマとし、健康・快適な暮らしを太陽光エネルギーで実現するエコハウスの実現と普及のための要素技術と設計手法の開発に取り組む

「あってほしい」が実現されているからではないか。窓はこうあってほしい。床や壁・天井はこうあってほしい。居間やダイニングはこうあってほしい…。その裏に深淵な理論と超絶な技巧が隠されているにしても、ぱっと見には自然な願いがストレートにかなえられている。おそらく氏はサービス精神にあふれており、施主の素朴な願いに応えようと努めてきたのだろう。

筆者が専門とする建築環境工学も元来、素朴な「あってほしい」をかなえるためにある。「暖かく涼しい健康・快適な暮らしを、いつまでも最小エネルギーで、全ての人に届ける」ことができれば、誰もがずっと幸せに暮らせるはず。氏が躊躇なく断熱や設備まで設計に貪欲に取り込むのは、おそらく従来からの「あってほしい」路線になんら矛盾することなく、さらに広げるチャンスと前向きに捉えているためだろう。

○自然な願いをかなえるための不自然な性能

外界が寒い時に家の中を暖かく、外界が暑い時に家の中を涼しくする。人にとっては自然な願いだが、物理的には全く不自然な状況である。断熱をすると結露するのは、熱の不均質を人為的に作っておきながら、湿度の均質化防止を怠っていたため。そこで諦めず、防湿により物質濃度まで制御する。人の自然な願いを夢のままで終わらせない。その切実な技術の積み上げこそが、建築環境工学である。

断熱・気密・防湿・空調換気設備は一見不自然な処置に見えるが、人の自然な願いを自然の物理と折り合わせるための人智の結晶である。人の自然な「あってほしい」をかなえるために、「必要にして十分」な性能が必要とされるのだ。

○つくば里山の平屋暮らし

里山の家では、つくばの気候においてゼロエネルギーを実現するための外皮性能や太陽光発電の確保はもちろんのこと、屋根集熱による太陽熱を利用した全館暖冷房システムＯＭＸが備えられている。

ＯＭＸのようなセントラル空調に必要なダクトを不自然と嫌う建築家も多いが、これも気流を感じさせることなく家中隅々まで温度と空気質を快適に整えたい、という自然な願いをかなえるための技術である。これまで見苦しく後付けされてきたエネルギー供給システムと暖冷房換気設備は、ついに建物の必須要素として完全に取り込まれた。

結果、リビングはリビングとして、ダイニングはダイニングとして、個室は個室として、「あってほしい」シンプルな形態がそのまま実現されている。見苦しいエアコンや冷媒管コンセント・給気口などは一切見当たらない。建物と一体化したＯＭＸは住み手の健康・快適な暮らしをかなえつつ、必要なエネルギーを全て太陽熱と太陽光発電で賄うことで地球とも折り合いをつけている。「家はこうあってほしい」という住み手の自然な願いに、伊礼氏も建築家として「必要にして十分」と答えることができる手ごたえを、きっと感じていることだろう。

性能偏重の省エネ基準やＺＥＨ・エコハウスに、不自然さを感じている設計者も多くいる。しかし、住み手の自然な願いをかなえるためと捉えれば、そこに前向きな楽しさ・明るさを見つけることができるはず。最近流行りがちの「怖い」「厳しい」エコハウスではない、「楽しく」「明るい」エコハウスの普及に向けて、伊礼智氏のますますの創作活動を応援したい。

寄稿2

葉のオモテとウラ

西川公朗

あずきハウス

西川公朗（にしかわ・まさお）フォトグラファー。1973年生まれ。1991年カイロアメリカンカレッジを卒業。1996年日本大学芸術学部写真学科卒業後、株式会社新建築社入社。以来現在まで建築写真を専門とする。2005年西川公朗写真事務所を設立

その日は、伊礼さんが設計された住宅を撮影するために甲府まで車で向かいました。季節は初夏。前日の天気予報に反して空は一面の曇り空です。すっかり青色がくすんでしまったスバルのエンジンをスタートして、家を出発したのは朝の6時30分ごろでした。10分ほど運転をした頃、車は西へ向かう高速道路に入ります。フロントガラスに広がる空は徐々に明るさを増し、雲が千切れ始めました。こぼれ落ちる朝の光がアスファルトの上をまだら模様に動いていきます。僕は、この後甲府で撮影する住宅を、眼前の光と重ねながら車を走らせました。甲府まではおよそ2時間のドライブです。

伊礼さんの住宅を思う時、いつも思い出す写真があります。その写真は「あずきハウス」という名前がつけられた住宅で撮影しました。とても小ぶりな住宅のリビングにはちょうど一人が両手を広げたほどの大きさの開口と、その先にはおよそ一人分のテラスが続いています。そしてそのテラスを包むように小さな庭の緑が日の光を受けていました。カメラを持つ僕の目には、リビング、窓、テラス、そして庭の緑が一つのつながりとして映っていました。日の光はその風景のトンネルを通り部屋にみちびかれ、風はその風景のフィルターを通って室内の空気をゆらしていました。僕は感動していたのだと思います。言葉にならない心の動きが、写真を特別な一枚にします。その写真はそのように撮影されました。

この体験の後、僕はある一つのイメージを持って伊礼さんの設計した住宅を撮影することが多くなりました。そのイメージとは、光を浴びた一枚の広葉樹の「葉」です。葉のオモテでは太陽の光がその表面を輝かせます。そして葉のウラでは強い光がさえぎられ、清々しい酸素と水分が広がり空気を冷やしています。住宅の庭やテラスが葉のオモテ、そして室内は葉のウラ側に広がる木陰のようなイメージ。そんな想像が、伊礼さんの住宅を撮影する僕の道しるべとなりました。

葉は光合成のために生まれた器官です。その薄い形は、フィルターのように太陽の光を吸収して土の中の水と風から自らの栄養を作り出します。そしてその過程で木は木陰を作り、酸素を吐き、私たちに命と安らぎを与えてくれます。大きな木の下に座る喜びを住宅の中に見出すというイメージは、伊礼さんにぴったりなのだろうと僕は思います。

とりとめのない考えごとの断片がいくつか過ぎていき、気がつくと車窓はすっかり山の緑で占領されていました。トンネルと橋脚がうねり、僕を乗せた車は一筆書きのように山の風景を進んで行きます。朝の乾ききらない空気の中で、濃密な木々と葉が霧の中で滲んでいるさまは、なぜだかいつも写真的な風景だなと見入ってしまいます。甲府ICまではあとわずかです。

写真

西川公朗（西川公朗写真事務所）

垂見孔士（垂見写真事務所）
P177
村井勇（アトリエラボン）
P156-157、166下、167
[住まいnet新潟掲載写真]
藤木勉（株式会社 滝沢印刷）
P158-159、161中、166上
武藤奈緒美
P172、176、179
塚本浩史（アドブレイン）
P138-139
伊礼智
P5、20左上、48、60、70、82、92
112、132、146、147、152、160、161上
164、169、170、170、174、180-185

設計

里山の平屋暮らし
（伊礼智／福井典子）
甲府の家
（伊礼智／中山梓）
福島の家
（伊礼智／一場由美）
（協力:椿千賀子）
くらしこの家
（伊礼智／本田恭平）
くらしこのハナレ
（伊礼智／中山梓）
諫早の家
（伊礼智／多田彩美）
近江高島の家
（伊礼智／多田彩美）
つむぐいえ
（伊礼智／小倉奈央子）
魚沼の家
（伊礼智／福井典子）

協力

荻野寿也景観設計
コミュニケーションーギャラリー ふげん社
岡本欣也・弥生
前真之

施工工務店（掲載順）

○里山の平屋暮らし
株式会社柴木材店
〒304-0031 茨城県下妻市高道祖4316
Tel.0296-43-5595
https://www.shiba-mokuzai.com

○甲府の家
株式会社丸正渡邊工務所
〒400-0828 山梨県甲府市青葉町10-13
Tel.055-232-3100
https://marumasa-w.com

○福島の家
樽川技建株式会社（たるけん）
〒963-8852 福島県郡山市台新2-31-10
Tel.024-922-9701
http://tarukawa.jp

○くらしこの家とハナレ
株式会社野村建設
〒501-0521 岐阜県揖斐郡大野町
黒野622-1
Tel.0585-32-2200
http://www.clasico-nomura.jp

○諫早の家
株式会社吉田建設工業（フルマークハウス）
〒859-1415 長崎県島原市有明町
大三東戊982-3
Tel.0957-68-0222
https://www.fm-house.jp

○近江高島の家
株式会社木の家専門店 谷口工務店
〒520-2531 滋賀県蒲生郡
竜王町山之上3433
Tel.0748-43-1128
https://taniguchi-koumuten.jp

○つむぐ家
株式会社国興（国興ホーム）
〒399-0027 長野県松本市寿南1-7-22
Tel.0263-58-2095
https://www.coccohome.jp

○魚沼の家
株式会社フラワーホーム
〒949-8615 新潟県十日町市中条甲921-1
Tel.025-752-5477
https://www.flower-h.com

伊礼智（いれい・さとし）

1959年沖縄県生まれ。1982年琉球大学理工学部建設工学科計画研究室卒業。1983年同研究室研究生修了。1985年東京藝術大学美術学部建築科大学院修了。丸谷博男＋エーアンドエーを経て、1996年伊礼智設計室を開設。2012年〜住宅デザイン学校校長。2016年〜東京藝術大学美術学部建築科非常勤講師。

伊礼智の住宅設計作法Ⅲ

心地よさの ものさし

2021年1月30日　初版第1版発行

著者　伊礼智
協力　福井典子／多田彩美／中山梓（伊礼智設計室）

編集　花岡朋子
デザイン　川島卓也／大多和琴（川島事務所）

発行者　三浦祐成
発行所　株式会社新建新聞社
東京本社　東京都千代田区麹町2-3-3
FDC麹町ビル7F
電話 03-3556-5525
長野本社　長野県南県町686-8
電話 026-234-4125

印刷　図書印刷株式会社

ISBN 978-4-86527-110-2 C2052